CHEFS-D'OEUVRE
DE VOLTAIRE.

IMPRIMERIE DE RIGNOUX,
Rue des Francs-Bourgeois-Saint-Michel, n° 8.

CHEFS-D'OEUVRE
DE VOLTAIRE.

TOME CINQUIÈME.

A PARIS,

CHEZ J. P. AILLAUD, LIBRAIRE,
PROPRIÉTAIRE DE LA COLLECTION CAZIN,
QUAI VOLTAIRE, N° 21.

1822.

NANINE,

COMÉDIE.

PERSONNAGES.

LE COMTE D'OLBAN, seigneur retiré à la campagne.
LA BARONNE DE L'ORME, parente du comte, femme impérieuse, aigre, difficile à vivre.
LA MARQUISE D'OLBAN, mère du comte.
NANINE, fille élevée dans la maison du comte.
PHILIPPE HOMBERT, paysan du voisinage.
BLAISE, jardinier.
GERMON, } domestiques.
MARIN,

(*La scène est dans le château du comte d'Olban.*)

NANINE,

COMÉDIE.

ACTE PREMIER.

SCÈNE PREMIÈRE.

LE COMTE D'OLBAN, LA BARONNE DE L'ORME.

LA BARONNE.

Il faut parler, il faut, monsieur le comte,
Vous expliquer nettement sur mon compte.
Ni vous ni moi n'avons un cœur tout neuf;
Vous êtes libre, et depuis deux ans veuf :
Devers ce temps j'eus cet honneur moi-même;
Et nos procès, dont l'embarras extrême,
Était si triste, et si peu fait pour nous,
Sont enterrés, ainsi que mon époux.

LE COMTE.

Oui, tout procès m'est fort insupportable.

LA BARONNE.

Ne suis-je pas comme eux fort haïssable ?

LE COMTE.

Qui ? vous, Madame ?

LA BARONNE.

   Oui, moi. Depuis deux ans,
Libres tous deux, comme tous deux parens,
Pour terminer nous habitons ensemble :
Le sang, le goût, l'intérêt nous rassemble.

LE COMTE.

Ah! l'intérêt! parlez mieux.

LA BARONNE.

Non, Monsieur.
Je parle bien, et c'est avec douleur,
Et je sais trop que votre âme inconstante
Ne me voit plus que comme une parente.

LE COMTE.

Je n'ai pas l'air d'un volage, je croi.

LA BARONNE.

Vous avez l'air de me manquer de foi.

LE COMTE, *à part*.

Ah!

LA BARONNE.

Vous savez que cette longue guerre,
Que mon mari vous faisait pour ma terre,
A dû finir en confondant nos droits
Dans un l'hymen dicté par notre choix :
Votre promesse à ma foi vous engage :
Vous différez, et qui diffère outrage.

LE COMTE.

J'attends ma mère.

LA BARONNE.

Elle radote · bon!

LE COMTE.

Je la respecte, et je l'aime.

LA BARONNE.

Et moi, non.
Mais pour me faire un affront qui m'étonne,
Assurément vous n'attendez personne,
Perfide! ingrat!

LE COMTE.

D'où vient ce grand courroux ?
Qui vous a donc dit tout cela ?

LA BARONNE.

Qui ? vous !
Vous, votre ton, votre air d'indifférence,
Votre conduite, en un mot, qui m'offense,
Qui me soulève, et qui choque mes yeux !
Ayez moins tort, ou défendez-vous mieux.
Ne vois-je pas l'indignité, la honte,
L'excès, l'affront du goût qui vous surmonte ?
Quoi ! pour l'objet le plus vil, le plus bas,
Vous me trompez !

LE COMTE.

Non, je ne trompe pas ;
Dissimuler n'est pas mon caractère ;
J'étais à vous, vous aviez su me plaire,
Et j'espérais avec vous retrouver
Ce que le Ciel a voulu m'enlever,
Goûter en paix dans cet heureux asile,
Les nouveaux fruits d'un nœud doux et tranquille ;
Mais vous cherchez à détruire vos lois.
Je vous l'ai dit, l'amour a deux carquois ;
L'un est rempli de ces traits tout de flamme,
Dont la douceur porte la paix dans l'âme,
Qui rend plus purs nos goûts, nos sentimens,
Nos soins plus vifs, nos plaisirs plus touchans :
L'autre n'est plein que de flèches cruelles,
Qui, répandant les soupçons, les querelles,
Rebutent l'âme, y portent la tiédeur,
Font succéder les dégoûts à l'ardeur :

Voilà les traits que vous prenez vous-même
Contre nous deux; et vous voulez qu'on aime!
LA BARONNE.
Oui, j'aurai tort! Quand vous vous détachez,
C'est donc à moi que vous le reprochez.
Je dois souffrir vos belles incartades,
Vos procédés, vos comparaisons fades.
Qu'ai-je donc fait pour perdre votre cœur?
Que me peut-on reprocher?
LE COMTE.
Votre humeur.
N'en doutez pas : oui, la beauté, Madame,
Ne plaît qu'aux yeux; la douceur charme l'âme.
LA BARONNE.
Mais êtes-vous sans humeur, vous?
LE COMTE.
Moi? non;
J'en ai sans doute, et, pour cette raison,
Je veux, Madame, une femme indulgente,
Dont la beauté douce et compatissante,
A mes défauts facile à se plier,
Daigne avec moi me réconcilier,
Me corriger sans prendre un ton caustique,
Me gouverner sans être tyrannique,
Et dans mon cœur pénétrer pas à pas,
Comme un jour doux dans des yeux délicats.
Qui sent le joug le porte avec murmure;
L'amour tyran est un dieu que j'abjure.
Je veux aimer, et ne veux point servir;
C'est votre orgueil qui peut seul m'avilir.
J'ai des défauts; mais le Ciel fit les femmes

Pour corriger le levain de nos âmes,
Pour adoucir nos chagrins, nos humeurs,
Pour nous calmer, pour nous rendre meilleurs
C'est là leur lot; et pour moi je préfère
Laideur affable à beauté rude et fière.

LA BARONNE.

C'est fort bien dit, traître! vous prétendez,
Quand vous m'outrez, m'insultez, m'excédez
Que je pardonne, en lâche complaisante,
De vos amours la honte extravagante?
Et qu'à mes yeux un faux air de hauteur
Excuse en vous les bassesses du cœur?

LE COMTE.

Comment, Madame?

LA BARONNE.

Oui, la jeune Nanine "
Fait tout mon tort. Un enfant vous domine,
Une servante, une fille des champs,
Que j'élevai par mes soins imprudens,
Que par pitié votre facile mère
Daigna tirer du sein de la misère.
Vous rougissez.

LE COMTE.

Moi! je lui veux du bien.

LA BARONNE.

Non, vous l'aimez, j'en suis très-sûre.

LE COMTE.

Eh bien!
Si je l'aimais, apprenez donc, Madame,
Que hautement je publirais ma flamme.

LA BARONNE.
Vous en êtes capable.
LE COMTE.
Assurément.
LA BARONNE.
Vous oseriez trahir impudemment
De votre rang toute la bienséance;
Humilier ainsi votre naissance;
Et, dans la honte où vos sens sont plongés,
Braver l'honneur!
LE COMTE.
Dites, les préjugés.
Je ne prends point, quoi qu'on en puisse croire,
La vanité pour l'honneur et la gloire.
L'éclat vous plaît; vous mettez la grandeur
Dans des blasons : je la veux dans le cœur.
L'homme de bien, modeste avec courage,
Et la beauté spirituelle, sage,
Sans bien, sans nom, sans tous ces titres vains,
Sont à mes yeux les premiers des humains.
LA BARONNE.
Il faut au moins être bon gentilhomme.
Un vil savant, un obscur honnête homme,
Serait chez vous, pour un peu de vertu,
Comme un seigneur avec honneur reçu?
LE COMTE.
Le vertueux aurait la préférence.
LA BARONNE.
Peut-on souffrir cette humble extravagance?
Ne doit-on rien, s'il vous plaît, à son rang?

LE COMTE.
Être honnête homme est ce qu'on doit.
LA BARONNE.
Mon sang
Exigerait un plus haut caractère.
LE COMTE.
Il est très-haut, il brave le vulgaire.
LA BARONNE.
Vous dégradez ainsi la qualité!
LE COMTE.
Non; mais j'honore ainsi l'humanite.
LA BARONNE.
Vous êtes fou; quoi! le public, l'usage...!
LE COMTE.
L'usage est fait pour le mépris du sage;
Je me conforme à ses ordres gênans,
Pour mes habits, non pour mes sentimens.
Il faut être homme, et d'une âme sensée
Avoir à soi ses goûts et sa pensée.
Irai-je en sot aux autres m'informer
Qui je dois fuir, chercher, louer, blâmer?
Quoi! de mon être il faudra qu'on décide?
J'ai ma raison; c'est ma mode, et mon guide.
Le singe est né pour être imitateur,
Et l'homme doit agir d'après son cœur.
LA BARONNE.
Voilà parler en homme libre, en sage.
Allez, aimez des filles du village,
Cœur noble et grand, soyez l'heureux rival
Du magister et du greffier fiscal;
Soutenez bien l'honneur de votre race.

LE COMTE.

Ah, juste Ciel! que faut-il que je fasse?

SCÈNE II.

LE COMTE, LA BARONNE, BLAISE.

LE COMTE.

Que veux-tu, toi?

BLAISE.

C'est votre jardinier,
Qui vient, Monsieur, humblement supplier
Votre grandeur....

LE COMTE.

Ma grandeur! Eh bien! Blaise,
Que te faut-il?

BLAISE.

Mais c'est, ne vous déplaise,
Que je voudrais me marier....

LE COMTE.

D'accord,
Très-volontiers; ce projet me plaît fort.
Je t'aiderai; j'aime qu'on se marie :
Et la future, est-elle un peu jolie?

BLAISE.

Ah, oui, ma foi! c'est un morceau friant.

LA BARONNE.

Et Blaise en est aimé?

BLAISE.

Certainement.

LE COMTE.

Et nous nommons cette beauté divine?

COMÉDIE.

BLAISE.

Mais, c'est....

LE COMTE.

Eh bien?

BLAISE.

C'est la belle Nanine.

LE COMTE.

Nanine?

LA BARONNE.

Ah! bon! Je ne m'oppose point
A de pareils amours.

LE COMTE, *à part.*

Ciel! à quel point
On m'avilit! Non, je ne le puis être.

BLAISE.

Ce parti-là doit bien plaire à mon maître.

LE COMTE.

Tu dis qu'on t'aime, imprudent!

BLAISE.

Ah! pardon.

LE COMTE.

T'a-t-elle dit qu'elle t'aimât?

BLAISE.

Mais.... non,
Pas tout-à-fait; elle m'a fait entendre
Tant seulement qu'elle a pour nous du tendre;
D'un ton si bon, si doux, si familier,
Elle m'a dit cent fois, Cher jardinier,
Cher ami Blaise, aide-moi donc à faire
Un beau bouquet de fleurs, qui puisse plaire
A monseigneur, à ce maître charmant;
Et puis d'un air si touché, si touchant,

Elle faisait ce bouquet; et sa vue
Était troublée; elle était toute mue.
Toute rêveuse, avec un certain air,
Un air, là, qui.... peste, l'on y voit clair.

LE COMTE.

Blaise, v'a-t'en.... Quoi! j'aurais su lui plaire!

BLAISE.

Çà, n'allez pas traînasser notre affaire.

LE COMTE.

Hem!...

BLAISE.

Vous verrez comme ce terrain-là
Entre mes mains bientôt profitera.
Répondez-donc; pourquoi ne me rien dire?

LE COMTE.

Ah! mon cœur est trop plein. Je me retire....
Adieu, Madame.

SCÈNE III.

LA BARONNE, BLAISE.

LA BARONNE.

Il l'aime comme un fou,
J'en suis certaine. Et comment donc, par où,
Par quels attraits, par quelle heureuse adresse
A-t-elle pu me ravir sa tendresse?
Nanine! ô Ciel! quel choix! quelle fureur!
Nanine! non; j'en mourrai de douleur.

BLAISE, *revenant.*

Ah! vous parlez de Nanine.

LA BARONNE.

Insolente!

BLAISE.

Est-il pas vrai que Nanine est charmante?

LA BARONNE.

Non.

BLAISE.

Eh! si fait : parlez un peu pour nous,
Protégez Blaise.

LA BARONNE.

Ah, quels horribles coups!

BLAISE.

J'ai des écus; Pierre Blaise mon père
M'a bien laissé trois bons journaux de terre :
Tout est pour elle, écus comptans, journaux,
Tout mon avoir, et tout ce que je vaux;
Mon corps, mon cœur, tout moi-même, tout Blaise.

LA BARONNE.

Autant que toi crois que j'en serais aise;
Mon pauvre enfant, si je puis te servir,
Tous deux ce soir je voudrais vous unir :
Je lui paîrai sa dot.

BLAISE.

Digne baronne,
Que j'aimerai votre chère personne!
Que de plaisir! est-il possible!

LA BARONNE.

Hélas!
Je crains, ami, de ne réussir pas.

BLAISE.

Ah! par pitié, réussisssez, Madame.

LA BARONNE.

Va, plût au Ciel qu'elle devînt ta femme!
Attends mon ordre.

BLAISE.

Eh! puis-je attendre?

LA BARONNE.

Va.

BLAISE.

Adieu. J'aurai, ma foi! cet cet enfant-là.

SCÈNE IV.

LA BARONNE.

Vit-on jamais une telle aventure?
Peut-on sentir une plus vive injure?
Plus lâchement se voir sacrifier?
Le comte Olban rival d'un jardinier!
  (*à un laquais.*)
Holà! quelqu'un! Qu'on appelle Nanine.
C'est mon malheur qu'il faut que j'examine.
Où pourrait-elle avoir pris l'art flatteur,
L'art de séduire et de garder un cœur,
L'art d'allumer un feu vif et qui dure?
Où? dans ses yeux, dans la simple nature.
Je crois pourtant que cet indigne amour
N'a point encore osé se mettre au jour.
J'ai vu qu'Olban se respecte avec elle;
Ah! c'est encore une douleur nouvelle!
J'espérerais, s'il se respectait moins.
D'un amour vrai le traître a tous les soins.
Ah! la voici : je me sens au supplice.
Que la nature est pleine d'injustice!
A qui va-t-elle accorder la beauté?
C'est un affront fait à la qualité.
Approchez-vous, venez, Mademoiselle.

SCÈNE V.

LA BARONNE, NANINE.

NANINE.

Madame.

LA BARONNE.

Mais est-elle donc si belle ?
Ces grands yeux noirs ne disent rien du tout ;
Mais s'ils ont dit, J'aime... ah ! je suis à bout.
Possédons-nous. Venez.

NANINE.

Je viens me rendre
A mon devoir.

LA BARONNE.

Vous vous faites attendre
Un peu de temps ; avancez-vous. Comment !
Comme elle est mise ! et quel ajustement !
Il n'est pas fait pour une créature
De votre espèce.

NANINE.

Il est vrai. Je vous jure,
Par mon respect, qu'en secret j'ai rougi
Plus d'une fois d'être vêtue ainsi ;
Mais c'est l'effet de vos bontés premières,
De ces bontés qui me sont toujours chères.
De tant de soins vous daigniez m'honorer !
Vous vous plaisiez vous-même à me parer.
Songez combien vous m'aviez protégée :
Sous cet habit je ne suis point changée.
Voudriez-vous, Madame, humilier
Un cœur soumis, qui ne peut s'oublier ?

LA BARONNE.

Approchez-moi ce fauteuil.... Ah! j'enrage...
D'où venez-vous?

NANINE.

Je lisais.

LA BARONNE.

Quel ouvrage?

NANINE.

Un livre anglais, dont on m'a fait présent.

LA BARONNE.

Sur quel sujet?

NANINE.

Il est intéressant :
L'auteur prétend que les hommes sont frères,
Nés tous égaux : mais ce sont des chimères :
Je ne puis croire à cette égalité.

LA BARONNE.

Elle y croira. Quel fonds de vanité!
Que l'on m'apporte ici mon écritoire....

NANINE.

J'y vais.

LA BARONNE.

Restez. Que l'on me donne à boire.

NANINE.

Quoi?

LA BARONNE.

Rien. Prenez mon éventail... Sortez.
Allez chercher mes gants... Laissez... Restez.
Avancez-vous.... Gardez-vous, je vous prie,
D'imaginer que vous soyez jolie.

NANINE.

Vous me l'avez si souvent répété

Que si j'avais ce fonds de vanité,
Si l'amour-propre avait gâté mon âme,
Je vous devrais ma guérison, Madame.

LA BARONNE.

Où trouve-t-elle ainsi ce qu'elle dit?
Que je la hais! quoi! belle, et de l'esprit!
  (*avec dépit.*)
Écoutez-moi. J'eus bien de la tendresse
Pour votre enfance.

NANINE.

    Oui. Puisse ma jeunesse
Être honorée encor de vos bontés!

LA BARONNE.

Eh bien, voyez si vous les méritez.
Je prétends, moi, ce jour, cette heure même,
Vous établir; jugez si je vous aime.

NANINE.

Moi?

LA BARONNE.

  Je vous donne une dot. Votre époux
Est fort bien fait, et très-digne de vous;
C'est un parti de tout point fort sortable;
C'est le seul même aujourd'hui convenable;
Et vous devez bien m'en remercier :
C'est, en un mot, Blaise le jardinier.

NANINE.

Blaise, Madame?

LA BARONNE.

    Oui. D'où vient ce sourire?
Hésitez-vous un moment d'y souscrire?
Mes offres sont un ordre, entendez-vous?
Obéissez, ou craignez mon courroux.

NANINE.

Mais....

LA BARONNE.

Apprenez qu'un *mais* est une offense
Il vous sied bien d'avoir l'impertinence
De refuser un mari de ma main !
Ce cœur si simple est devenu bien vain ;
Mais votre audace est trop prématurée ;
Votre triomphe est de peu de durée.
Vous abusez du caprice d'un jour,
Et vous verrez quel en est le retour.
Petite ingrate, objet de ma colère,
Vous avez donc l'insolence de plaire ?
Vous m'entendez ; je vous ferai rentrer
Dans le néant dont j'ai su vous tirer.
Tu pleureras ton orgueil, ta folie.
Je te ferai renfermer pour ta vie
Dans un couvent.

NANINE.

J'embrasse vos genoux ;
Renfermez-moi ; mon sort sera trop doux.
Oui, des faveurs que vous vouliez me faire,
Cette rigueur est pour moi la plus chère.
Enfermez-moi dans un cloître à jamais :
J'y bénirai mon maître, et vos bienfaits ;
J'y calmerai des alarmes mortelles,
Des maux plus grands, des craintes plus cruelles,
Des sentimens plus dangereux pour moi
Que ce courroux qui me glace d'effroi.
Madame, au nom de ce courroux extrême,
Délivrez-moi, s'il se peut, de moi-même ;
Dès cet instant je suis prête à partir.

LA BARONNE.

Est-il possible? et que viens-je d'ouïr?
Est-il bien vrai? me trompez-vous, Nanine?

NANINE.

Non. Faites-moi cette faveur divine :
Mon cœur en a trop besoin.

LA BARONNE, *avec un emportement de tendresse.*

Lève-toi;
Que je t'embrasse. O jour heureux pour moi,
Ma chère amie! eh bien, je vais sur l'heure
Préparer tout pour ta belle demeure.
Ah! quel plaisir que de vivre en couvent!

NANINE.

C'est pour le moins un abri consolant.

LA BARONNE.

Non; c'est, ma fille, un séjour délectable.

NANINE.

Le croyez-vous?

LA BARONNE.

Le monde est haïssable,
Jaloux....

NANINE.

Oh! oui.

LA BARONNE.

Fou, méchant, vain, trompeur,
Changeant, ingrat; tout cela fait horreur.

NANINE.

Oui; j'entrevois qu'il me serait funeste,
Qu'il faut le fuir....

LA BARONNE.

La chose est manifeste;

Un bon couvent est un port assuré.
Monsieur le comte, ah! je vous préviendrai.
NANINE
Que dites-vous de Monseigneur?
LA BARONNE.
Je t'aime
A la fureur; et dès ce moment même
Je voudrais bien te faire le plaisir
De t'enfermer pour ne jamais sortir.
Mais il est tard, hélas! il faut attendre
Le point du jour. Ecoute : il faut te rendre
Vers le minuit dans mon appartement.
Nous partirons d'ici secrètement
Pour ton couvent à cinq heures sonnantes :
Sois prête au moins.

SCÈNE VI.

NANINE.

Quelles douleurs cuisantes!
Quel embarras! quel tourment! quel dessein!
Quels sentimens combattent dans mon sein!
Hélas! je fuis le plus aimable maître!
En le fuyant, je l'offense peut-être :
Mais, en restant, l'excès de ses bontés
M'attirerait trop de calamités,
Dans sa maison mettrait un trouble horrible.
Madame croit qu'il est pour moi sensible;
Que jusqu'à moi ce cœur peut s'abaisser :
Je le redoute, et n'ose le penser.
De quel courroux madame est animée!
Quoi! l'on me hait, et je crains d'être aimée!

Mais, moi! mais, moi! je me crains encor plus;
Mon cœur troublé de lui-même est confus.
Que devenir? De mon état tirée,
Pour mon malheur je suis trop éclairée.
C'est un danger, c'est peut-être un grand tort
D'avoir une âme au-dessus de son sort.
Il faut partir; j'en mourrai, mais n'importe.

SCÈNE VII.

LE COMTE, NANINE, UN LAQUAIS.

LE COMTE.

HOLA! quelqu'un, qu'on reste à cette porte.
Des siéges, vite.
(*Il fait la révérence à Nanine, qui lui en fait une profonde.*)
Asseyons-nous ici.

NANINE.

Qui, moi, Monsieur?

LE COMTE.

Oui, je le veux ainsi;
Et je vous rends ce que votre conduite,
Votre beauté, votre vertu mérite.
Un diamant trouvé dans un désert
Est-il moins beau, moins précieux, moins cher?
Quoi! vos beaux yeux semblent mouillés de larmes!
Ah! je le vois, jalouse de vos charmes,
Notre baronne aura, par ses aigreurs,
Par son courroux, fait répandre vos pleurs.

NANINE.

Non, Monsieur, non; sa bonté respectable

Jamais pour moi ne fut si favorable;
Et j'avoûrai qu'ici tout m'attendrit.
LE COMTE.
Vous me charmez; je craignais son dépit.
NANINE.
Hélas, pourquoi?
LE COMTE.
Jeune et belle Nanine,
La jalousie en tous les cœurs domine :
L'homme est jaloux dès qu'il peut s'enflammer;
La femme l'est, même avant que d'aimer.
Un jeune objet, beau, doux, discret, sincère,
A tout son sexe est bien sûr de déplaire.
L'homme est plus juste; et d'un sexe jaloux
Nous nous vengeons autant qu'il est en nous.
Croyez surtout que je vous rends justice :
J'aime ce cœur qui n'a point d'artifice;
J'admire encore à quel point vous avez
Développé vos talens cultivés.
De votre esprit la naïve justesse
Me rend surpris autant qu'il m'intéresse.
NANINE.
J'en ai bien peu; mais quoi! je vous ai vu,
Et je vous ai tous les jours entendu :
Vous avez trop relevé ma naissance;
Je vous dois trop; c'est par vous que je pense.
LE COMTE.
Ah! croyez-moi, l'esprit ne s'apprend pas.
NANINE.
Je pense trop pour un état si bas;
Au dernier rang les destins m'ont comprise.

COMÉDIE.

LE COMTE.

Dans le premier vos vertus vous ont mise.
Naïvement dites-moi quel effet
Ce livre anglais sur votre esprit a fait?

NANINE.

Il ne m'a point du tout persuadée;
Plus que jamais, Monsieur, j'ai dans l'idée
Qu'il est des cœurs si grands, si généreux,
Que tout le reste est bien vil auprès d'eux.

LE COMTE.

Vous en êtes la preuve.... Ah çà, Nanine,
Permettez-moi qu'ici l'on vous destine
Un sort, un rang, moins indigne de vous.

NANINE.

Hélas! mon sort était trop haut, trop doux.

LE COMTE.

Non. Désormais soyez de la famille :
Ma mère arrive; elle vous voit en fille;
Et mon estime, et sa tendre amitié
Doivent ici vous mettre sur un pied
Fort éloigné de cette indigne gêne
Où vous tenait une femme hautaine.

NANINE.

Elle n'a fait, hélas! que m'avertir
De mes devoirs.... Qu'ils sont durs à remplir!

LE COMTE.

Quoi! quel devoir? Ah! le vôtre est de plaire;
Il est rempli : le nôtre ne l'est guère.
Il vous fallait plus d'aisance et d'éclat :
Vous n'êtes pas encor dans votre état.

NANINE.

J'en suis sortie, et c'est ce qui m'accable;

C'est un malheur peut-être irréparable.
(*se levant.*)
Ah! Monseigneur! ah! mon maître! écartez
De mon esprit toutes ces vanités;
De vos bienfaits confuse, pénétrée,
Laissez-moi vivre à jamais ignorée.
Le Ciel me fit pour un état obscur;
L'humilité n'a pour moi rien de dur.
Ah! laissez-moi ma retraite profonde.
Et que ferais-je, et que verrais-je au monde,
Après avoir admiré vos vertus?

LE COMTE.

Non, c'en est trop, je ne résiste plus.
Qui? vous obscure! vous!

NANINE.

Quoi que je fasse,
Puis-je de vous obtenir une grâce?

LE COMTE.

Qu'ordonnez-vous? parlez.

NANINE.

Depuis un temps
Votre bonté me comble de présens.

LE COMTE.

Eh bien! pardon. J'en agis comme un père,
Un père tendre à qui sa fille est chère.
Je n'ai point l'art d'embellir un présent;
Et je suis juste, et ne suis point galant.
De la fortune il faut venger l'injure :
Elle vous traita mal; mais la nature,
En récompense, a voulu vous doter
De tous ses biens; j'aurais dû l'imiter.

NANINE.

Vous en avez trop fait; mais je me flatte

Qu'il m'est permis, sans que je sois ingrate,
De disposer de ces dons précieux
Que votre main rend si chers à mes yeux.

LE COMTE.

Vous m'outragez.

SCÈNE VIII.

LE COMTE, NANINE, GERMON.

GERMON.

Madame vous demande,
Madame attend.

LE COMTE.

Eh! que madame attende.
Quoi! l'on ne peut un moment vous parler,
Sans qu'aussitôt on vienne nous troubler?

NANINE.

Avec douleur, sans doute, je vous laisse;
Mais vous savez qu'elle fut ma maîtresse.

LE COMTE.

Non, non, jamais je ne veux le savoir.

NANINE.

Elle conserve un reste de pouvoir.

LE COMTE.

Elle n'en garde aucun, je vous assure.
Vous gémissez.... Quoi! votre cœur murmure!
Qu'avez-vous donc?

NANINE.

Je vous quitte à regret;
Mais il le faut.... O Ciel, c'en est donc fait!

(*Elle sort.*)

SCÈNE IX.

LE COMTE, GERMON.

LE COMTE.

Elle pleurait. D'une femme orgueilleuse
Depuis long-temps l'aigreur capricieuse
La fait gémir sous trop de dureté;
Et de quel droit? par quelle autorité?
Sur ces abus ma raison se récrie.
Ce monde-ci n'est qu'une loterie
De biens, de rangs, de dignités, de droits,
Brigués sans titre, et répandus sans choix.
Hé!

GERMON.

Monseigneur.

LE COMTE.

Demain sur sa toilette
Vous porterez cette somme complète
De trois cents louis d'or; n'y manquez pas,
Puis vous irez chercher ces gens là-bas;
Ils attendront.

GERMON.

Madame la baronne
Aura l'argent que Monseigneur me donne
Sur sa toilette.

LE COMTE.

Eh! l'esprit lourd! eh, non!
C'est pour Nanine, entendez-vous?

GERMON,

Pardon.

LE COMTE.

Allez, allez, laissez-moi.
(*Germon sort.*)
Ma tendresse
Assurément n'est point une faiblesse.
Je l'idolâtre, il est vrai ; mais mon cœur
Dans ses yeux seuls n'a point pris son ardeur.
Son caractère est fait pour plaire au sage ;
Et sa belle âme a mon premier hommage.
Mais son état ?... Elle est trop au-dessus ;
Fût-il plus bas, je l'en aimerais plus.
Mais puis-je enfin l'épouser? Oui, sans doute.
Pour être heureux qu'est-ce donc qu'il en coûte?
D'un monde vain dois-je craindre l'écueil,
Et de mon goût me priver par orgueil?
Mais la coutume?... Eh bien! elle est cruelle ;
Et la nature eut ses droits avant elle.
Eh quoi! rival de Blaise! Pourquoi non?
Blaise est un homme ; il l'aime, il a raison.
Elle fera dans une paix profonde
Le bien d'un seul, et les désirs du monde.
Elle doit plaire aux jardiniers, aux rois ;
Et mon bonheur justifira mon choix.

FIN DU PREMIER ACTE.

ACTE II.

SCÈNE PREMIÈRE.

LE COMTE D'OLBAN, MARIN.

LE COMTE.

AH! cette nuit est une année entière.
Que le sommeil est loin de ma paupière!
Tout dort ici; Nanine dort en paix;
Un doux repos rafraîchit ses attraits :
Et moi, je vais, je cours; je veux écrire,
Je n'écris rien; vainement je veux lire,
Mon œil troublé voit les mots sans les voir,
Et mon esprit ne les peut concevoir :
Dans chaque mot, le seul nom de Nanine
Est imprimé par une main divine.
Holà! quelqu'un! qu'on vienne. Quoi! mes gens
Sont-ils pas las de dormir si long-temps?
Germon! Marin!

MARIN, *derrière le théâtre.*

J'accours.

LE COMTE.

Quelle paresse!
Eh! venez vite; il fait jour; le temps presse :
Arrivez donc.

MARIN.

Eh! Monseigneur, quel lutin
Vous a sans nous éveillé si matin?

LE COMTE.

L'amour.

MARIN.

Oh! oh! la baronne de l'Orme
Ne permet pas qu'en ce logis on dorme.
Qu'ordonnez-vous?

LE COMTE.

Je veux, mon cher Marin,
Je veux avoir, au plus tard pour demain,
Six chevaux neufs, un nouvel équipage,
Femme de chambre adroite, bonne et sage,
Valet de chambre avec deux grands laquais,
Point libertins, qu'ils soient jeunes, bien faits;
Des diamans, des boucles des plus belles,
Des bijoux d'or, des étoffes nouvelles.
Pars dans l'instant, cours en poste à Paris;
Crève tous les chevaux.

MARIN.

Vous voilà pris:
J'entends; j'entends; madame la baronne
Est la maîtresse aujourd'hui qu'on vous donne;
Vous l'épousez?

LE COMTE.

Quel que soit mon projet,
Vole, et reviens.

MARIN.

Vous serez satisfait.

SCÈNE II.

LE COMTE, GERMON.

LE COMTE.

Quoi! j'aurai donc cette douceur extrême
De rendre heureux, d'honorer ce que j'aime.
Notre baronne avec fureur crira;
Très-volontiers, et tant qu'elle voudra.
Les vains discours, le monde, la baronne,
Rien ne m'émeut, et je ne crains personne;
Aux préjugés c'est trop être soumis :
Il faut les vaincre, ils sont nos ennemis;
Et ceux qui font les esprits raisonnables
Plus vertueux, sont les seuls respectables.
Eh! mais.... quel bruit entends-je dans ma cour?
C'est un carrosse. Oui.... mais..... au point du jour
Qui peut venir?.... C'est ma mère, peut-être.
Germon....

GERMON, *arrivant*

Monsieur.

LE COMTE.

Vois ce que ce peut être.

GERMON.

C'est un carrosse.

LE COMTE.

Eh qui? par quel hasard?
Qui vient ici?

GERMON.

L'on ne vient point; l'on part.

LE COMTE.

Comment! on part?

GERMON.
Madame la baronne
Sort tout à l'heure.
LE COMTE.
Oh! je le lui pardonne;
Que pour jamais puisse-t-elle sortir!
GERMON.
Avec Nanine elle est prête à partir.
LE COMTE.
Ciel! que dis-tu? Nanine?
GERMON.
La suivante
Le dit tout haut.
LE COMTE.
Quoi donc?
GERMON.
Votre parente
Part avec elle; elle va, ce matin,
Mettre Nanine à ce couvent voisin.
LE COMTE.
Courons, volons. Mais quoi! que vais-je faire?
Pour leur parler je suis trop en colère :
N'importe : allons. Quand je devrais.... mais non :
On verrait trop toute ma passion.
Qu'on ferme tout, qu'on vole, qu'on l'arrête;
Répondez-moi d'elle sur votre tête :
Amenez-moi Nanine.
(*Germon sort.*)
Ah! juste Ciel!
On l'enlevait. Quel jour! quel coup mortel!
Qu'ai-je donc fait? pourquoi? par quel caprice?

Par quelle ingrate et cruelle injustice?
Qu'ai-je donc fait, hélas! que l'adorer,
Sans la contraindre, et sans me déclarer,
Sans alarmer sa timide innocence?
Pourquoi me fuir, je m'y perds, plus j'y pense.

SCÈNE III.

LE COMTE, NANINE.

LE COMTE.

Belle Nanine, est-ce vous que je vois?
Quoi! vous voulez vous dérober à moi!
Ah! répondez, expliquez-vous, de grâce.
Vous avez craint, sans doute, la menace
De la baronne; et ces purs sentimens,
Que vos vertus m'inspirent dès long-temps,
Plus que jamais l'auront, sans doute, aigrie.
Vous n'auriez point de vous-même eu l'envie
De nous quitter, d'arracher à ces lieux
Le seul éclat que leur prêtaient vos yeux?
Hier au soir, de pleurs toute trempée,
De ce dessein étiez-vous occupée?
Répondez donc. Pourquoi me quittiez-vous?

NANINE.

Vous me voyez tremblante à vos genoux.

LE COMTE, *la relevant.*

Ah! parlez-moi. Je tremble plus encore.

NANINE.

Madame....

LE COMTE.

Eh bien?

NANINE.
Madame, que j'honore,
Pour le couvent n'a point forcé mes vœux.
LE COMTE.
Ce serait vous? qu'entends-je? ah, malheureux!
NANINE.
Je vous l'avoue; oui, je l'ai conjurée
De mettre un frein à mon âme égarée....
Elle voulait, Monsieur, me marier.
LE COMTE.
Elle! à qui donc?
NANINE.
A votre jardinier.
LE COMTE.
Le digne choix!
NANINE.
Et moi, toute honteuse,
Plus qu'on ne croit peut-être malheureuse,
Moi qui repousse avec un vain effort
Des sentimens au-dessus de mon sort,
Que vos bontés avaient trop élevée,
Pour m'en punir, j'en dois être privée.
LE COMTE.
Vous, vous punir? ah! Nanine! et de quoi?
NANINE.
D'avoir osé soulever contre moi
Votre parente, autrefois ma maîtresse.
Je lui déplais; mon seul aspect la blesse:
Elle a raison; et j'ai près d'elle, hélas!
Un tort bien grand.... qui ne finira pas.
J'ai craint ce tort; il est peut-être extrême.
J'ai prétendu m'arracher à moi-même,

Et déchirer dans les austérités
Ce cœur trop haut, trop fier de vos bontés,
Venger sur lui sa faute involontaire.
Mais ma douleur, hélas! la plus amère,
En perdant tout, en courant m'éclipser,
En vous fuyant, fut de vous offenser.

LE COMTE, *se détournant et se promenant.*

Quels sentimens! et quelle âme ingénue!
En ma faveur est-elle prévenue?
A-t-elle craint de m'aimer? ô vertu!

NANINE.

Cent fois pardon, si je vous ai déplu :
Mais permettez qu'au fond d'une retraite
J'aille cacher ma douleur inquiète,
M'entretenir en secret à jamais
De mes devoirs, de vous, de vos bienfaits.

LE COMTE.

N'en parlons plus. Écoutez : la baronne
Vous favorise, et noblement vous donne
Un domestique, un rustre pour époux;
Moi, j'en sais un moins indigne de vous :
Il est d'un rang fort au-dessus de Blaise,
Jeune, honnête homme; il est fort à son aise.
Je vous réponds qu'il a des sentimens :
Son caractère est loin des mœurs du temps;
Et je me trompe, ou pour vous j'envisage
Un destin doux, un excellent ménage.
Un tel parti flatte-t-il votre cœur?
Vaut-il pas bien le couvent?

NANINE.

Non, Monsieur....
Ce nouveau bien que vous daignez me faire,

Je l'avoûrai, ne peut me satisfaire.
Vous pénétrez mon cœur reconnaissant :
Daignez y lire, et voyez ce qu'il sent;
Voyez sur quoi ma retraite se fonde.
Un jardinier, un monarque du monde,
Qui pour époux s'offriraient à mes vœux,
Également me déplairaient tous deux.

LE COMTE.

Vous décidez mon sort. Eh bien, Nanine,
Connaissez donc celui qu'on vous destine :
Vous l'estimez; il est sous votre loi;
Il vous adore, et cet époux.... c'est moi.
  (à part.)
L'étonnement, le trouble l'a saisie.
  (à Nanine.)
Ah! parlez-moi : disposez de ma vie;
Ah! reprenez vos sens trop agités.

NANINE.

Qu'ai-je entendu?

LE COMTE.

  Ce que vous méritez.

NANINE.

Quoi! vous m'aimez?... Ah! gardez-vous de croire
Que j'ose user d'une telle victoire.
Non, Monsieur, non, je ne souffrirai pas
Qu'ainsi pour moi vous descendiez si bas :
Un tel hymen est toujours trop funeste;
Le goût se passe, et le repentir reste.
J'ose à vos pieds attester vos aïeux....
Hélas! sur moi ne jetez point les yeux.
Vous avez pris pitié de mon jeune âge;

Formé par vous, ce cœur est votre ouvrage ;
Il en serait indigne désormais
S'il acceptait le plus grand des bienfaits.
Oui, je vous dois des refus. Oui, mon âme
Doit s'immoler.

LE COMTE.

   Non, vous serez ma femme.
Quoi ! tout à l'heure ici vous m'assuriez,
Vous l'avez dit que vous refuseriez
Tout autre époux, fût-ce un prince.

NANINE.

      Oui, sans doute,
Et ce n'est pas ce refus qui me coûte.

LE COMTE.

Mais me haïssez-vous ?

NANINE.

   Aurais-je fui,
Craindrais-je tant, si vous étiez haï ?

LE COMTE.

Ah ! ce mot seul a fait ma destinée.

NANINE.

Eh ! que prétendez-vous ?

LE COMTE.

   Notre hyménée.

NANINE.

Songez....

LE COMTE.

  Je songe à tout.

NANINE.

    Mais prévoyez....

LE COMTE.

Tout est prévu.

NANINE.
Si vous m'aimez, croyez...
LE COMTE.
Je crois former le bonheur de ma vie.
NANINE.
Vous oubliez...
LE COMTE.
Il n'est rien que j'oublie.
Tout sera prêt, et tout est ordonné...
NANINE.
Quoi! malgré moi votre amour obstiné....
LE COMTE.
Oui, malgré vous, ma flamme impatiente
Va tout presser pour cette heure charmante.
Un seul instant je quitte vos attraits,
Pour que mes yeux n'en soient privés jamais.
Adieu, Nanine; adieu, vous que j'adore.

SCÈNE IV.

NANINE.

Ciel! est-ce un rêve? et puis-je croire encore
Que je parvienne au comble du bonheur?
Non, ce n'est pas l'excès d'un tel honneur,
Tout grand qu'il est, qui me plaît et me frappe;
A mes regards tant de grandeur échappe :
Mais épouser ce mortel généreux,
Lui, cet objet de mes timides vœux,
Lui, que j'avais tant craint d'aimer, que j'aime,
Lui, qui m'élève au-dessus de moi-même;
Je l'aime trop pour pouvoir l'avilir :

Je devrais... Non, je ne puis plus le fuir ;
Non... Mon état ne saurait se comprendre.
Moi, l'épouser ! quel parti dois-je prendre ?
Le Ciel pourra m'éclairer aujourd'hui ;
Dans ma faiblesse il m'envoie un appui.
Peut-être même... Allons ; il faut écrire,
Il faut... Par où commencer, et que dire ?
Quelle surprise ! Écrivons promptement,
Avant d'oser prendre un engagement.
(*Elle se met à écrire.*)

SCÈNE V.

NANINE, BLAISE.

BLAISE.

Ah ! la voici. Madame la baronne
En ma faveur vous a parlé, mignonne,
Ouais, elle écrit sans me voir seulement.

NANINE, *écrivant toujours.*

Blaise, bonjour.

BLAISE.

Bonjour est sec, vraiment.

NANINE, *écrivant.*

A chaque mot mon embarras redouble ;
Toute ma lettre est pleine de mon trouble.

BLAISE.

Le grand génie ! elle écrit tout courant ;
Qu'elle a d'esprit ! et que n'en ai-je autant !
Çà, je disais...

NANINE.

Eh bien ?

BLAISE.

Elle m'impose
Par son maintien; devant elle je n'ose
M'expliquer... là... tout comme je voudrais :
Je suis venu cependant tout exprès.

NANINE.

Cher Blaise, faut me rendre un grand service.

BLAISE.

Oh! deux plutôt.

NANINE.

Je te fais la justice
De me fier à ta discrétion,
A ton bon cœur.

BLAISE.

Oh! parlez sans façon :
Car, voyez-vous, Blaise est prêt à tout faire
Pour vous servir; vite, point de mystère.

NANINE.

Tu vas souvent au village prochain,
A Rémival, à droite du chemin?

BLAISE.

Oui.

NANINE.

Pourrais-tu trouver dans ce village
Philippe Hombert?

BLAISE.

Non. Quel est ce visage?
Philippe Hombert? je ne connais pas ça.

NANINE.

Hier au soir je crois qu'il arriva;

Informe-t'en. Tâche de lui remettre,
Mais sans délai, cet argent, cette lettre.
BLAISE.
Oh! de l'argent!
NANINE.
Donne aussi ce paquet :
Monte à cheval pour avoir plus tôt fait ;
Pars, et sois sûr de ma reconnaissance.
BLAISE.
J'irais pour vous au fin fond de la France.
Philippe Hombert est un heureux manant ;
La bourse est pleine : ah! que d'argent comptant !
Est-ce une dette ?
NANINE.
Elle est très-avérée.
Il n'en est point, Blaise, de plus sacrée ;
Écoute : Hombert est peut-être inconnu ;
Peut-être même il n'est pas revenu.
Mon cher ami, tu me rendras ma lettre,
Si tu ne peux en ses mains la remettre.
BLAISE.
Mon cher ami!
NANINE.
Je me fie à ta foi.
BLAISE.
Son cher ami!
NANINE.
Va, j'attends tout de toi.

SCÈNE VI.

LA BARONNE, BLAISE.

BLAISE.

D'où diable vient cet argent? quel message!
Il nous aurait aidé dans le ménage.
Allons, elle a pour nous de l'amitié;
Et ça vaut mieux que de l'argent, morgué :
Courons, courons.
(*Il met l'argent et le paquet dans sa poche; il rencontre la baronne, et la heurte.*)

LA BARONNE.

Eh, le butor!... arrête.
L'étourdi m'a pensé casser la tête.

BLAISE.

Pardon, Madame.

LA BARONNE.

Où vas-tu que tiens-tu?
Que fait Nanine? As-tu rien entendu?
Monsieur le comte est-il bien en colère?
Quel billet est-ce là?

BLAISE.

C'est un mystère.
Peste!...

LA BARONNE.

Voyons.

BLAISE.

Nanine gronderait.

LA BARONNE.

Comment dis-tu? Nanine! elle pourrait

Avoir écrit, te charger d'un message!
Donne, ou je romps soudain ton mariage :
Donne, te dis-je.

BLAISE, *riant.*

Ho, ho.

LA BARONNE.

De quoi ris-tu?

BLAISE, *riant encore.*

Ha, ha.

LA BARONNE.

J'en veux savoir le contenu.

(*Elle décachète la lettre.*)

Il m'intéresse, ou je suis bien trompée

BLAISE, *riant encore.*

Ha, ha, ha, qu'elle est bien attrappée!
Elle n'a là qu'un chiffon de papier;
Moi, j'ai l'argent, et je m'en vais payer
Philippe Hombert : faut servir sa maîtresse.
Courons.

SCÈNE VII.

LA BARONNE.

Lisons. « Ma joie et ma tendresse
« Sont sans mesure, ainsi que mon bonheur :
« Vous arrivez, quel moment pour mon cœur!
« Quoi! je ne puis vous voir et vous entendre!
« Entre vos bras je ne puis me jeter!
« Je vous conjure au moins de vouloir prendre
« Ces deux paquets; daignez les accepter.
« Sachez qu'on m'offre un sort digne d'envie,
« Et dont il est permis de s'éblouir :

« Mais il n'est rien que je ne sacrifie
« Au seul mortel que mon cœur doit chérir. »
Ouais. Voilà donc le style de Nanine!
Comme elle écrit, l'innocente orpheline!
Comme elle fait parler la passion!
En vérité ce billet est bien bon.
Tout est parfait, je ne me sens pas d'aise.
Ah, ah, rusée, ainsi vous trompiez Blaise!
Vous m'enleviez en secret mon amant.
Vous avez feint d'aller dans un couvent;
Et tout l'argent que le comte vous donne,
C'est pour Philippe Hombert? fort bien, friponne,
J'en suis charmée, et le perfide amour
Du comte Olban méritait bien ce tour.
Je m'en doutais que le cœur de Nanine
Était plus bas que sa basse origine.

SCÈNE VIII.

LE COMTE, LA BARONNE.

LA BARONNE.

Venez, venez, homme à grands sentimens,
Homme au-dessus des préjugés du temps,
Sage amoureux, philosophe sensible,
Vous allez voir un trait assez risible.
Vous connaissez sans doute à Rémival
Monsieur Philippe Hombert, votre rival?

LE COMTE.

Ah! quels discours vous me tenez!

LA BARONNE.

Peut-être

Ce billet-là vous le fera connaître.
Je crois qu'Hombert est un fort beau garçon.
LE COMTE.
Tous vos efforts ne sont plus de saison :
Mon parti pris, je suis inébranlable.
Contentez-vous du tour abominable
Que vous vouliez me jouer ce matin.
LA BARONNE.
Ce nouveau tour est un peu plus malin.
Tenez, lisez. Ceci pourra vous plaire ;
Vous connaîtrez les mœurs, le caractère
Du digne objet qu'on vous a subjugué.
(*tandis que le comte lit.*)
Tout en lisant il me semble intrigué.
Il a pâli ; l'affaire émeut sa bile....
Eh bien ! Monsieur, que pensez-vous du style ?
Il ne voit rien, ne dit rien, n'entend rien :
Oh ! le pauvre homme ! il le méritait bien.
LE COMTE.
Ai-je bien lu, je demeure stupide.
O tour afreux, sexe ingrat, cœur perfide !
LA BARONNE.
Je le connais, il est né violent ;
Il est prompt, ferme, il va dans un moment
Prendre un parti.

SCÈNE IX.
LE COMTE, LA BARONNE, GERMON.
GERMON.
Voici dans l'avenue
Madame Olban.
LA BARONNE.
La vieille est revenue ?

COMÉDIE.

GERMON.

Madame votre mère, entendez-vous,
Est près d'ici, Monsieur.

LA BARONNE.

Dans son courroux,
Il est devenu sourd. La lettre opère.

GERMON, *criant.*

Monsieur.

LE COMTE.

Plaît-il?

GERMON, *haut.*

Madame votre mère,
Monsieur.

LE COMTE.

Que fait Nanine en ce moment?

GERMON.

Mais.... elle écrit dans son appartement.

LE COMTE, *d'un air froid et sec.*

Allez saisir ses papiers, allez prendre
Ce qu'elle écrit; vous viendrez me le rendre;
Qu'on la renvoie à l'instant.

GERMON.

Qui, Monsieur?

LE COMTE.

Nanine.

GERMON.

Non, je n'aurais pas ce cœur :
Si vous saviez à quel point sa personne
Nous charme tous; comme elle est noble, bonne!

LE COMTE.

Obéissez, ou je vous chasse.

GERMON.

Allons. (*Il sort.*)

SCÈNE X.

LE COMTE, LA BARONNE.

LA BARONNE.

Ah! je respire : enfin nous l'emportons,
Vous devenez un homme raisonnable,
Ah çà, voyez s'il n'est pas véritable
Qu'on tient toujours à son premier état,
Et que les gens dans un certain éclat,
Ont un cœur noble, ainsi que leur personne?
Le sang fait tout, et la naissance donne
Des sentimens à Nanine inconnus.

LE COMTE.

Je n'en crois rien; mais soit, n'en parlons plus :
Réparons tout. Le plus sage, en sa vie,
A quelquefois ses accès de folie :
Chacun s'égare; et le moins imprudent
Est celui-là qui plus tôt se repent.

LA BARONNE.

Oui.

LE COMTE.

Pour jamais, cessez de parler d'elle.

LA BARONNE.

Très-volontiers.

LE COMTE.

Ce sujet de querelle
Doit s'oublier.

LA BARONNE.

Mais vous, de vos sermens
Souvenez-vous.

LE COMTE.

Fort bien. Je vous entends;
Je les tiendrai.

LA BARONNE.

Ce n'est qu'un prompt hommage
Qui peut ici réparer mon outrage.
Indignement notre hymen différé
Est un affront.

LE COMTE.

Il sera réparé
Madame ; il faut....

LA BARONNE.

Il ne faut qu'un notaire.

LE COMTE.

Vous savez bien.... que j'attendais ma mère.

LA BARONNE.

Elle est ici.

SCÈNE XI.

LA MARQUISE, LE COMTE, LA BARONNE.

LE COMTE, *à sa mère.*

Madame, j'aurais dû....
(*à part.*)   (*à sa mère.*)
Philippe Hombert !.... Vous m'avez prévenu ;
Et mon respect, mon zèle, ma tendresse....
(*à part.*)
Avec cet air innocent, la traîtresse !

LA MARQUISE.

Mais vous extravaguez, mon très-cher fils.
On m'avait dit, en passant par Paris,
Que vous aviez la tête un peu frappée :
Je m'aperçois qu'on ne m'a pas trompée :
Mais ce mal-là....

LE COMTE.
Ciel, que je suis confus!
LA MARQUISE.
Prend-il souvent?
LE COMTE.
Il ne me prendra plus.
LA MARQUISE.
Çà, je voudrais ici vous parler seule.
(*faisant une petite révérence à la baronne.*)
Bonjour, Madame.

LA BARONNE, *à part.*
Hom! la vieille bégueule!
Madame, il faut vous laisser le plaisir
D'entretenir monsieur tout à loisir,
Je me retire.
(*Elle sort.*)

SCÈNE XII.

LA MARQUISE, LE COMTE.

LA MARQUISE, *parlant fort vite, et d'un ton de petite vieille babillarde.*
Eh bien! monsieur le comte,
Vous faites donc à la fin votre compte
De me donner la baronne pour bru;
C'est sur cela que j'ai vite accouru.
Votre baronne est une acariâtre,
Impertinente, altière, opiniâtre,
Qui n'eut jamais pour moi le moindre égard;
Qui l'an passé, chez la marquise Agard,
En plein souper me traita de bavarde:
D'y plus souper désormais Dieu me garde!

Bavarde, moi ! Je sais d'ailleurs très-bien
Qu'elle n'a pas, entre nous, tant de bien :
C'est un grand point ; il faut qu'on s'en informe ;
Car on m'a dit que son château de l'Orme
A son mari n'appartient qu'à moitié ;
Qu'un vieux procès, qui n'est pas oublié,
Lui disputait la moitié de la terre :
J'ai su cela de feu votre grand-père :
Il disait vrai, c'était un homme, lui :
On n'en voit plus de sa trempe aujourd'hui.
Paris est plein de ses petits bouts-d'homme,
Vains, fiers, fous, sots, dont le caquet m'assomme,
Parlant de tout avec l'air empressé,
Et se moquant toujours du temps passé.
J'entends parler de nouvelle cuisine,
De nouvaux goûts ; on crève, on se ruine :
Les femmes sont sans frein, et les maris
Sont des benêts. Tout va de pis en pis.

LE COMTE, *relisant le billet.*

Qui l'aurait cru ? ce trait me désespère.
Eh bien, Germon ?

SCÈNE XIII.

LA MARQUISE, LE COMTE, GERMON.

GERMON.

Voici votre notaire.

LE COMTE.

Oh ! qu'il attende.

GERMON.

Et voici le papier
Qu'elle devait, Monsieur, vous envoyer.

LE COMTE, *lisant*.

Donne.... Fort bien bien. Elle m'aime, dit-elle,
Et, par respect, me refuse.... Infidèle !
Tu ne dis pas la raison du refus !

LA MARQUISE.

Ma foi ! mon fils a le cerveau perclus :
C'est sa baronne ; et l'amour le domine.

LE COMTE, *à Germon*.

M'a-t-on bientôt délivré de Nanine ?

GERMON.

Hélas ! Monsieur, elle a déjà repris
Modestement ses champêtres habits,
Sans dire un mot de plainte et de murmure.

LE COMTE.

Je le crois bien.

GERMON.

Elle a pris cette injure
Tranquillement, lorsque nous pleurons tous.

LE COMTE.

Tranquillement ?

LA MARQUISE.

Hem ! de qui parlez-vous

GERMON.

Nanine, hélas ! Madame, que l'on chasse :
Tout le château pleure de sa disgrâce.

LA MARQUISE.

Vous la chassez ? je n'entends point cela.
Quoi ! ma Nanine ! Allons, rappelez-la.
Qu'a-t-elle fait, ma charmante orpheline ?
C'est moi, mon fils, qui vous donnai Nanine.
Je me souviens qu'à l'âge de dix ans

Elle enchantait tout le monde céans.
Notre baronne ici la prit pour elle;
Et je prédis dès lors que cette belle
Serait fort mal; et j'ai très-bien prédit :
Mais j'eus toujours chez vous peu de crédit,
Vous prétendez tout faire à votre tête.
Chasser Nanine est un trait malhonnête.

LE COMTE.

Quoi! seule, à pied, sans secours, sans argent?

GERMON.

Ah! j'oubliais de dire qu'à l'instant
Un vieux bon-homme à vos gens se présente :
Il dit que c'est une affaire importante,
Qu'il ne saurait communiquer qu'à vous;
Il veut, dit-il, se mettre à vos genoux.

LE COMTE.

Dans le chagrin où mon cœur s'abandonne,
Suis-je en état de parler à personne?

LA MARQUISE.

Ah! vous avez du chagrin, je le croi;
Vous m'en donnez aussi beaucoup à moi.
Chasser Nanine, et faire un mariage
Qui me déplaît! non, vous n'êtes pas sage.
Allez; trois mois ne seront pas passés
Que vous serez l'un de l'autre lassés.
Je vous prédis la pareille aventure
Qu'à mon cousin le marquis de Marmure.
Sa femme était aigre comme verjus;
Mais, entre nous, la vôtre l'est bien plus.
En s'épousant, ils crurent qu'ils s'aimèrent;
Deux mois après tous deux se séparèrent :

Madame alla vivre avec un galant,
Fat, petit-maître, escroc, extravagant;
Et Monsieur prit une franche coquette,
Une intrigante et friponne parfaite;
Des soupers fins, la petite maison,
Chevaux, habits, maître-d'hôtel frippon,
Bijoux nouveaux pris à crédit, notaires,
Contrats vendus, et dettes usuraires:
Enfin monsieur et madame, en deux ans,
A l'hôpital allèrent tout d'un temps.
Je me souviens encor d'une autre histoire,
Bien plus tragique, et difficile à croire;
C'était....

LE COMTE.

Ma mère, il faut aller dîner.
Venez.... O Ciel! ai-je pu soupçonner
Pareille horreur!

LA MARQUISE.

Elle est épouvantable.
Allons, je vais la raconter à table;
Et vous pourrez tirer un grand profit
En temps et lieu de tout ce que j'ai dit.

FIN DU SECOND ACTE.

ACTE III.

SCÈNE PREMIÈRE.

NANINE, *vêtue en paysanne*, GERMON.

GERMON.
Nous pleurons tous en vous voyant sortir.
NANINE.
J'ai tardé trop ; il est temps de partir.
GERMON.
Quoi ! pour jamais, et dans cet équipage ?
NANINE.
L'obscurité fut mon premier partage.
GERMON.
Quel changement ! Quoi ! du matin au soir....
Souffrir n'est rien ; c'est tout que de déchoir.
NANINE.
Il est des maux mille fois plus sensibles.
GERMON.
J'admire encor des regrets si paisibles.
Certes, mon maître est bien mal avisé ;
Notre baronne a sans doute abusé
De son pouvoir, et vous fait cet outrage :
Jamais monsieur n'aurait eu ce courage.
NANINE.
Je lui dois tout ; il me chasse aujourd'hui ;
Obéissons. Ses bienfaits sont à lui ;
Il peut user du droit de les reprendre.

GERMON.

A ce trait-là qui diable eût pu s'attendre?
En cet état qu'allez-vous devenir?

NANINE.

Me retirer, long-temps me repentir.

GERMON.

Que nous allons haïr notre baronne!

NANINE.

Mes maux sont grands, mais je les lui pardonne.

GERMON.

Mais que dirai-je au moins de votre part
A notre maître, après votre départ?

NANINE.

Vous lui direz que je le remercie
Qu'il m'ait rendue à ma première vie,
Et qu'à jamais sensible à ses bontés
Je n'oublîrai.... rien.... que ses cruautés.

GERMON.

Vous me fendez le cœur, et tout à l'heure
Je quitterais pour vous cette demeure;
J'irais partout avec vous m'établir :
Mais monsieur Blaise a su nous prévenir;
Qu'il est heureux! avec vous il va vivre :
Chacun voudrait l'imiter, et vous suivre.

NANINE.

On est bien loin de me suivre.... Ah! Germon!
Je suis chassée.... et par qui!...

GERMON.

      Le démon
A mis du sien dans cette brouillerie :
Nous vous perdons.... et monsieur se marie.

NANINE.

Il se marie!.... Ah! partons de ce lieu;
Il fut pour moi trop dangereux.... Adieu....
(*Elle sort.*)

GERMON.

Monsieur le comte a l'âme un peu bien dure :
Comment chasser pareille créature!
Elle paraît une fille de bien :
Mais il ne faut pourtant jurer de rien.

SCÈNE II.

LE COMTE, GERMON.

LE COMTE.

Eh bien! Nanine est donc enfin partie?

GERMON.

Oui, c'en est fait.

LE COMTE.

J'en ai l'âme ravie.

GERMON.

Votre âme est donc de fer.

LE COMTE.

Dans le chemin
Philippe Hombert lui donnait-il la main?

GERMON.

Qui! quel Philippe Hombert? Hélas! Nanine,
Sans écuyer, fort tristement chemine,
Et de ma main ne veut pas seulement.

LE COMTE.

Où donc va-t-elle?

GERMON.

Où? mais apparemment
Chez ses amis.

LE COMTE.
A Rémival, sans doute?
GERMON.
Oui, je crois bien qu'elle prend cette route.
LE COMTE.
Va la conduire à ce couvent voisin,
Où la baronne allait dès ce matin :
Mon dessein est qu'on la mette sur l'heure
Dans cette utile et décente demeure;
Ces cent louis la feront recevoir
Va.... garde-toi de laisser entrevoir
Que c'est un don que je veux bien lui faire,
Dis-lui que c'est un présent de ma mère;
Je te défends de prononcer mon nom.
GERMON.
Fort bien; je vais vous obéir.
(*Il fait quelques pas.*)
LE COMTE.
Germon,
A son départ tu dis que tu l'as vue?
GERMON.
Eh, oui, vous dis-je.
LE COMTE.
Elle était abattue?
Elle pleurait?
GERMON.
Elle faisait bien mieux,
Ses pleurs coulaient à peine de ses yeux;
Elle voulait ne pas pleurer.
LE COMTE.
A-t-elle
Dit quelque mot qui marque, qui décèle
Ses sentimens? as-tu remarqué....

GERMON.
Quoi?
LE COMTE.
A-t-elle enfin, Germon, parlé de moi?
GERMON.
Oh, oui, beaucoup.
LE COMTE.
Eh bien! dis-moi donc traître!
Qu'a-t-elle dit?
GERMON.
Que vous êtes son maître,
Que vous avez des vertus, des bontés.....
Qu'elle oubliera tout.... hors vos cruautés.
LE COMTE.
Va.... mais surtout garde qu'elle revienne.
(*Germon sort.*)
Germon!
GERMON.
Monsieur.
LE COMTE.
Un mot; qu'il te souvienne,
Si par hasard, quand tu la conduiras,
Certain Hombert venait suivre ses pas,
De le chasser de la belle manière.
GERMON.
Oui, poliment à grands coups d'étrivière;
Comptez sur moi; je sers fidèlement.
Le jeune Hombert, dites-vous?
LE COMTE.
Justement.
GERMON.
Bon! je n'ai pas l'honneur de le connaître;

Mais le premier que je verrai paraître
Sera rossé de la bonne façon;
Et puis après il me dira son nom.
(*Il fait un pas et revient.*)
Ce jeune Hombert est quelque amant je gage,
Un beau garçon, le coq de son village.
Laissez-moi faire.

LE COMTE.

Obéis promptement.
GERMON.
Je me doutais qu'elle avait quelque amant;
Et Blaise aussi lui tient au cœur peut-être.
On aime mieux son égal que son maître.

LE COMTE.

Ah! cours, te dis-je.

SCÈNE III.

LE COMTE.

Hélas! il a raison;
Il prononçait ma condamnation;
Et moi, du coup qui m'a pénétré l'âme
Je me punis; la baronne est ma femme :
Il le faut bien, le sort en est jeté.
Je souffrirai, je l'ai bien mérité.
Ce mariage est au moins convenable.
Notre baronne a l'humeur peu traitable;
Mais, quand on veut, on sait donner la loi.
Un esprit ferme est le maître chez soi.

SCÈNE IV.

LE COMTE, LA BARONNE, LA MARQUISE.

LA MARQUISE.

Or çà, mon fils, vous épousez madame?

LE COMTE,

Eh! oui.

LA MARQUISE.

Ce soir elle est donc votre femme?
Elle est ma bru?

LA BARONNE.

Si vous le trouvez bon
J'aurai, je crois, votre approbation.

LA MARQUISE.

Allons, allons, il faut bien y souscrire;
Mais dès demain chez moi je me retire.

LE COMTE.

Vous retirer! eh! ma mère pourquoi?

LA MARQUISE.

J'emmenerai ma Nanine avec moi.
Vous la chassez, et moi je la marie;
Je fais la noce en mon château de Brie;
Et je la donne au jeune sénéchal,
Propre neveu du procureur fiscal,
Jean Roch Souci; c'est lui de qui le père
Eut à Corbeil cette plaisante affaire.
De cet enfant je ne puis me passer;
C'est un bijou que je veux enchâsser.
Je vais la marier.... Adieu.

LE COMTE,

Ma mère,

Ne soyez pas contre nous en colère ;
Laissez Nanine aller dans le couvent ;
Ne changez rien à notre arrangement.

LA BARONNE.

Oui, croyez-nous, Madame, une famille
Ne se doit point charger de telle fille.

LA MARQUISE.

Comment ? quoi donc ?

LA BARONNE.

Peu de chose.

LA MARQUISE.

Mais....

LA BARONNE.

Rien.

LA MARQUISE.

Rien, c'est beaucoup. J'entends, j'entends fort bien.
Aurait-elle eu quelque tendre folie ?
Cela se peut, car elle est si jolie !
Je m'y connais ; on tente, on est tenté :
Le cœur a bien de la fragilité ;
Les filles sont toujours un peu coquettes :
Le mal n'est pas si grand que vous le faites.
Çà contez-moi sans nul déguisement
Tout ce qu'a fait notre charmante enfant.

LE COMTE.

Moi, vous conter ?

LA MARQUISE.

Vous avez bien la mine
D'avoir au fond quelque goût pour Nanine ;
Et vous pourriez....

SCÈNE V.

LE COMTE, LA MARQUISE, LA BARONNE,
MARIN, *en bottes.*

MARIN.
Enfin tout est bâclé,
Tout est fini.

LA MARQUISE.
Quoi?

LA BARONNE.
Qu'est-ce?

MARIN.
J'ai parlé
A nos marchands; j'ai bien fait mon message;
Et vous aurez demain tout l'équipage.

LA BARONNE.
Quel équipage?

MARIN.
Oui, ce que pour vous
A commandé votre futur époux;
Six beaux chevaux : et vous serez contente
De la berline; elle est bonne et brillante;
Tous les panneaux par Martin sont vernis :
Les diamans sont beaux, très-bien choisis;
Et vous verrez des étoffes nouvelles
D'un goût charmant... Oh! rien n'approche d'elles.

LA BARONNE, *au comte.*
Vous avez donc commandé tout cela?

LE COMTE, *à part.*
Oui.... mais pour qui?

MARIN.
Le tout arrivera
Demain matin dans ce nouveau carrosse,
Et sera prêt le soir pour votre noce.
Vive Paris pour avoir sur-le-champ
Tout ce qu'on veut quand on a de l'argent !
En revenant, j'ai revu le notaire,
Tout près d'ici griffonnant votre affaire.

LA BARONNE.
Ce mariage a traîné bien long-temps.

LA MARQUISE, *à part.*
Ah ! je voudrais qu'il traînât quarante ans.

MARIN.
Dans ce salon j'ai trouvé tout à l'heure
Un bon vieillard, qui gémit et qui pleure ;
Depuis long-temps il voudrait vous parler.

LA BARONNE.
Quel importun ! qu'on le fasse en aller ;
Il prend trop mal son temps.

LA MARQUISE.
Pourquoi, Madame?
Mon fils, ayez un peu de bonté d'âme,
Et, croyez-moi, c'est un mal des plus grands
De rebuter ainsi les pauvres gens :
Je vous ai dit cent fois dans votre enfance
Qu'il faut pour eux avoir de l'indulgence,
Les écouter d'un air affable et doux.
Ne sont-ils pas hommes tout comme nous?
On ne sait pas à qui l'on fait injure ;
On se repent d'avoir eu l'âme dure.
Les orgueilleux ne prospèrent jamais.

(*à Marin.*)
Allez chercher ce bonhomme.
MARIN.
J'y vais.
(*Il sort*)
LE COMTE.
Pardon, ma mère; il a fallu vous rendre
Mes premiers soins; et je suis prêt d'entendre
Cet homme-là malgré mon embarras.

SCÈNE VI.

LE COMTE, LA MARQUISE, LA BARONNE,
LE PAYSAN.

LA MARQUISE, *au paysan*.
Approchez-vous, parlez, ne tremblez pas.
LE PAYSAN.
Monseigneur! écoutez-moi de grâce :
Je suis.... Je tombe à vos pieds, que j'embrasse;
Je viens vous rendre....
LE COMTE.
Ami, relevez-vous;
Je ne veux point qu'on me parle à genoux;
D'un tel orgueil je suis trop incapable.
Vous avez l'air d'être un homme estimable.
Dans ma maison cherchez-vous de l'emploi?
A qui parlé-je?
LA MARQUISE.
Allons, rassure-toi.
LE PAYSAN.
Je suis, hélas! le père de Nanine.

LE COMTE.
Vous?
LA BARONNE.
Ta fille est une grande coquine.
LE PAYSAN.
Ah! Monseigneur, voilà ce que j'ai craint;
Voilà le coup dont mon cœur est atteint :
J'ai bien pensé qu'une somme si forte
N'appartient pas à des gens de sa sorte;
Et les petits perdent bientôt les mœurs,
Et sont gâtés auprès des grands seigneurs.
LA BARONNE.
Il a raison : mais il trompe, et Nanine
N'est point sa fille; elle était orpheline.
LE PAYSAN.
Il est trop vrai : chez de pauvres parens
Je la laissai dès ses plus jeunes ans;
Ayant perdu mon bien avec sa mère,
J'allai servir, forcé par la misère,
Ne voulant pas dans mon funeste état,
Qu'elle passât pour fille d'un soldat,
Lui défendant de me nommer son père.
LA MARQUISE.
Pourquoi cela? pour moi, je considère
Les bons soldats; on a grand besoin d'eux.
LE COMTE.
Qu'a ce métier, s'il vous plaît, de honteux?
LE PAYSAN.
Il est bien moins honoré qu'honorable.
LE COMTE.
Ce préjugé fut toujours condamnable.
J'estime mieux un vertueux soldat,

Qui de son sang sert son prince et l'état,
Qu'un important, que sa lâche industrie
Engraisse en paix du sang de la patrie.

LA MARQUISE.

Çà, vous avez vu beaucoup de combats;
Contez-les-moi bien toŭs, n'y manquez pas.

LE PAYSAN.

Dans la douleur, hélas! qui me déchire,
Permettez-moi seulement de vous dire
Qu'on me promit cent fois de m'avancer :
Mais sans appui comment peut-on percer?
Toujours jeté dans la foule commune,
Mais distingué, l'honneur fut ma fortune.

LA MARQUISE.

Vous êtes donc né de condition?

LA BARONNE.

Fi! quelle idée!

LE PAYSAN, *à la marquise.*

Hélas! Madame, non;
Mais je suis né d'une honnête famille :
Je méritais peut-être une autre fille.

LA MARQUISE.

Que vouliez-vous de mieux?

LE COMTE.

Eh! poursuivez.

LA MARQUISE.

Mieux que Nanine?

LE COMTE.

Ah! de grâce, achevez.

LE PAYSAN.

J'appris qu'ici ma fille fut nourrie,

Qu'elle y vivait bien traitée et chérie,
Heureux alors, et bénissant le Ciel,
Vous, vos bontés, votre soin paternel,
Je suis venu dans le prochain village,
Mais plein de trouble et craignant son jeune âge,
Tremblant encor, lorsque j'ai tout perdu,
De retrouver le bien qui m'est rendu.

(*montrant la baronne.*)

Je viens d'entendre, au discours de Madame,
Que j'eus raison : elle m'a percé l'âme;
Je vois fort bien que ces cent louis d'or,
Des diamans, sont un trop grand trésor
Pour les tenir par un droit légitime;
Elle ne peut les avoir eus sans crime.
Ce seul soupçon me fait frémir d'horreur,
Et j'en mourrai de honte et de douleur.
Je suis venu soudain pour vous les rendre :
Ils sont à vous; vous devez les reprendre,
Et si ma fille est criminelle, hélas!
Punissez-moi, mais ne la perdez pas.

LA MARQUISE.

Ah, mon cher fils! je suis tout attendrie.

LA BARONNE.

Ouais, est-ce un songe? est-ce une fourberie?

LE COMTE.

Ah! qu'ai-je fait?

LE PAYSAN.

(*Il tire la bourse et le paquet*)
Tenez, Monsieur, tenez.

LE COMTE.

Moi, les reprendre! ils ont été donnés;

Elle en a fait un respectable usage.
C'est donc à vous qu'on a fait le message?
Qui l'a porté?

LE PAYSAN.

C'est votre jardinier,
A qui Nanine osa se confier.

LE COMTE.

Quoi! c'est à vous que le présent s'adresse?

LE PAYSAN.

Oui, je l'avoue.

LE COMTE.

O douleur! ô tendresse!
Des deux côtés quel excès de vertu!
Et votre nom? Je demeure éperdu.

LA MARQUISE.

Eh! dites donc votre nom? Quel mystère!

LE PAYSAN.

Philippe Hombert de Gatine.

LE COMTE.

Ah! mon père!

LA BARONNE.

Que dit-il là?

LE COMTE.

Quel jour vient m'éclairer!
J'ai fait un crime, il le faut réparer.
Si vous saviez combien je suis coupable!
J'ai maltraité la vertu respectable.
(*Il va lui-même à un de ses gens.*)
Holà; courez.

LA BARONNE.

Eh, quel empressement?

LE COMTE.

Vite un carrosse.

LA MARQUISE.

Oui, Madame, à l'instant :
Vous devriez être sa protectrice.
Quand on a fait une telle injustice,
Sachez de moi que l'on ne doit rougir
Que de ne pas assez se repentir.
Monsieur mon fils a souvent des lubies,
Que l'on prendrait pour de franches folies :
Mais dans le fond c'est un cœur généreux;
Il est né bon, j'en fais ce que je veux.
Vous n'êtes pas, ma bru, si bienfaisante;
Il s'en faut bien.

LA BARONNE.

Que tout m'impatiente !
Qu'il a l'air sombre, embarrassé, rêveur :
Quel sentiment étrange est dans son cœur?
Voyez, Monsieur, ce que vous voulez faire.

LA MARQUISE.

Oui, pour Nanine.

LA BARONNE.

On peut la satisfaire
Par des présens.

LA MARQUISE.

C'est le moindre devoir.

LA BARONNE.

Mais moi, jamais je ne veux la revoir;
Que du château jamais elle n'approche,
Entendez-vous?

LE COMTE.

J'entends.

LA MARQUISE.
Quel cœur de roche !
LA BARONNE.
De mes soupçons évitez les éclats.
Vous hésitez ?
LE COMTE, *après un silence.*
Non, je n'hésite pas.
LA BARONNE.
Je dois m'attendre à cette déférence ;
Vous la devez à tous les deux, je pense.
LA MARQUISE.
Seriez-vous bien assez cruel, mon fils ?
LA BARONNE.
Quel parti prendrez-vous ?
LE COMTE.
Il est tout pris.
Vous connaissez mon âme et sa franchise :
Il faut parler. Ma main vous fut promise ;
Mais nous n'avions voulu former ces nœuds
Que pour finir un procès dangereux :
Je le termine ; et, dès l'instant je donne,
Sans nul regret, sans détour j'abandonne
Mes droits entiers et mes prétentions
Dont il naquit tant de divisions :
Que l'intérêt encor vous en revienne :
Tout est à vous ; jouissez-en sans peine.
Que la raison fasse du moins de nous
Deux bons parens, ne pouvant être époux.
Oublions tout ; que rien ne nous aigrisse :
Pour n'aimer pas faut-il qu'on se haïsse ?
LA BARONNE.
Je m'attendais à ton manque de foi.

Va, je renonce à tes présens, à toi.
Traître! je vois avec qui tu vas vivre,
A quel mépris ta passion te livre.
Sers noblement sous les plus viles lois;
Je t'abandonne à ton indigne choix.

(*Elle sort.*)

SCÈNE VII.

LE COMTE, LA MARQUISE, PHILIPPE HOMBERT.

LE COMTE.

Non, il n'est point indigne; non, Madame,
Un fol amour n'aveugla point mon âme :
Cette vertu, qu'il faut récompenser,
Doit m'attendrir, et ne peut m'abaisser.
Dans ce vieillard ce qu'on nomme bassesse
Fait son mérite et voilà sa noblesse.
La mienne à moi, c'est d'en payer le prix.
C'est pour des cœurs par eux-même ennoblie,
Et distingués par ce grand caractère,
Qu'il faut passer sur la règle ordinaire :
Et leur naissance, avec tant de vertus,
Dans ma maison n'est qu'un titre de plus.

LA MARQUISE.

Quoi donc? quel titre? et que voulez-vous dire?

SCÈNE VIII.

LE COMTE, LA MARQUISE, NANINE, PHILIPPE HOMBERT.

LE COMTE, *à sa mère.*
Son seul aspect devrait vous en instruire.

LA MARQUISE.
Embrasse-moi cent fois, ma chère enfant.
Elle est vêtue un peu mesquinement;
Mais qu'elle est belle! et comme elle a l'air sage!

NANINE.
(*courant entre les bras de Philippe Hombert, après s'être baissée devant la marquise.*)
Ah! la nature a mon premier hommage.
Mon père!

PHILIPPE HOMBERT.
O Ciel! ô ma fille! ah, Monsieur!
Vous réparez quarante ans de malheur.

LE COMTE.
Oui; mais comment faut-il que je répare
L'indigne affront qu'un mérite si rare
Dans ma maison put de moi recevoir?
Sous quel habit revient-elle nous voir!
Il est trop vil; mais elle le décore.
Non, il n'est rien que sa vertu n'honore.
Eh bien! parlez : auriez-vous la bonté
De pardonner à tant de dureté?

NANINE.
Que me demandez-vous? Ah! je m'étonne
Que vous doutiez si mon cœur vous pardonne.

Je n'ai pas cru que vous puisssiez jamais
Avoir eu tort après tant de bienfaits.

LE COMTE.

Si vous avez oublié cet outrage,
Donnez-m'en donc le plus sûr témoignage :
Je ne veux plus commander qu'une fois;
Mais jurez-moi d'obéir à mes lois.

PHILIPPE HOMBERT.

Elle le doit, et sa reconnaissance....

NANINE, *à son père.*

Il est bien sûr de mon obéissance.

LE COMTE.

J'ose y compter. Oui, je vous avertis
Que vos devoirs ne sont pas tous remplis.
Je vous ai vue aux genoux de ma mère;
Je vous ai vue embrasser votre père;
Ce qui vous reste en des momens si doux....
C'est... à leurs yeux... d'embrasser... votre époux

NANINE.

Moi!

LA MARQUISE.

Quelle idée! est-il bien vrai?

PHILIPPE HOMBERT.

Ma fille!

LE COMTE, *à sa mère.*

Le daignez-vous permettre?

LA MARQUISE.

La famille
Étrangement, mon fils, clabaudera.

LE COMTE.

En la voyant, elle l'approuvera.

PHILIPPE HOMBERT.

Quel coup du sort! Non, je ne puis comprendre
Que jusque-là vous prétendiez descendre.

LE COMTE.

On m'a promis d'obéir.... je le veux.

LA MARQUISE.

Mon fils....

LE COMTE.

Ma mère, il s'agit d'être heureux.
L'intérêt seul a fait cent mariages.
Nous avons vu les hommes les plus sages
Ne consulter que les mœurs et le bien :
Elle a les mœurs, il ne lui manque rien ;
Et je ferai par goût et par justice
Ce qu'on a fait cent fois par avarice.
Ma mère, enfin, terminez ces combats,
Et consentez.

NANINE.

Non, n'y consentez-pas ;
Opposez-vous à sa flamme.... à la mienne ;
Voilà de vous ce qu'il faut que j'obtienne.
L'amour l'aveugle ; il le faut éclairer.
Ah! loin de lui, laissez-moi l'adorer.
Voyez mon sort, voyez ce qu'est mon père :
Puis-je jamais vous appeler ma mère?

LA MARQUISE.

Oui, tu le peux, tu le dois; c'en est fait :
Je ne tiens pas contre ce dernier trait;
Il nous dit trop combien il faut qu'on t'aime ;
Il est unique aussi bien que toi-même.

NANINE.
J'obéis donc à votre ordre, à l'amour;
Mon cœur ne peut résister.
LA MARQUISE.
Que ce jour
Soit des vertus la digne récompense,
Mais sans tirer jamais à conséquence.

FIN DE NANINE.

L'ENFANT PRODIGUE,
COMÉDIE.

PERSONNAGES.

EUPHÉMON père.
EUPHÉMON fils.
FIERENFAT, président de Cognac, second fils d'Euphémon.
RONDON, bourgeois de Cognac.
LISE, fille de Rondon.
LA BARONNE DE CROUPILLAC.
MARTHE, suivante de Lise.
JASMIN, valet d'Euphémon fils.

(*La scène est à Cognac.*)

L'ENFANT PRODIGUE,
COMÉDIE.

ACTE PREMIER.

SCÈNE PREMIÈRE.

EUPHÉMON, RONDON.

RONDON.

Mon triste ami, mon cher et vieux voisin,
Que de bon cœur j'oublîrai ton chagrin !
Que je rirai ! Quel plaisir ! Que ma fille
Va ranimer ta dolente famille !
Mais mons ton fils, le sieur de Fierenfat,
Me semble avoir un procédé bien plat.

EUPHÉMON.

Quoi donc ?

RONDON.

Tout fier de sa magistrature,
Il fait l'amour avec poids et mesure.
Adolescent qui s'érige en barbon,
Jeune écolier qui vous parle en Caton,
Est, à mon sens, un animal bernable ;
Et j'aime mieux l'air fou que l'air capable :
Il est trop fat.

EUPHÉMON.

Et vous êtes aussi
Un peu trop brusque.

RONDON.

     Ah! je suis fait ainsi.
J'aime le vrai, je me plais à l'entendre;
J'aime à le dire, à gourmander mon gendre,
A bien mater cette fatuité,
Et l'air pédant dont il est encroûté.
Vous avez fait, beau-père, en père sage,
Quand son aîné, ce joueur, ce volage,
Ce débauché, ce fou, partit d'ici,
De donner tout à ce sot cadet-ci;
De mettre en lui toute votre espérance,
Et d'acheter pour lui la présidence
De cette ville : oui, c'est un trait prudent.
Mais dès qu'il fut monsieur le président,
Il fut, ma foi! gonflé d'impertinence :
Sa gravité marche et parle en cadence :
Il dit qu'il a bien plus d'esprit que moi.
Qui, comme on sait, en ai bien plus que toi.
Il est....

EUPHÉMON.

    Eh mais! quelle humeur vous emporte?
Faut-il toujours....

RONDON.

     Va, va, laisse, qu'importe?
Tous ces défauts, vois-tu, sont comme rien,
Lorsque d'ailleurs on amasse un gros bien.
Il est avare; et tout avare est sage.
Oh! c'est un vice excellent en ménage,
Un très-bon vice. Allons, dès aujourd'hui
Il est mon gendre, et ma Lise est à lui.
Il reste donc, notre triste beau-père,

A faire ici donation entière
De tous vos biens, contrats, acquis, conquis,
Présens, futurs, à monsieur votre fils,
En réservant sur votre vieille tête
D'un usufruit l'entretien fort honnête;
Le tout en bref arrêté, cimenté,
Pour que ce fils, bien cossu, bien doté,
Joigne à nos biens une vaste opulence :
Sans quoi soudain ma Lise à d'autres pense.

EUPHÉMON.

Je l'ai promis, et j'y satisferai;
Oui, Fierenfat aura le bien que j'ai.
Je veux couler au sein de la retraite
La triste fin de ma vie inquiète;
Mais je voudrais qu'un fils si bien doté
Eût pour mes biens un peu moins d'âpreté.
J'ai vu d'un fils la débauche insensée,
Je vois dans l'autre une âme intéressée.

RONDON.

Tant mieux! tant mieux!

EUPHÉMON.

Cher ami, je suis né
Pour n'être rien qu'un père infortuné.

RONDON.

Voilà-t-il pas de vos jérémiades,
De vos regrets, de vos complaintes fades?
Voulez-vous pas que ce maître étourdi,
Ce bel aîné dans le vice enhardi,
Venant gâter les douceurs que j'apprête,
Dans cet hymen paraisse en trouble-fête?

EUPHÉMON.

Non.

RONDON.

Voulez-vous qu'il vienne sans façon
Mettre en jurant le feu dans la maison?

EUPHÉMON.

Non.

RONDON.

Qu'il vous batte, et qu'il m'enlève Lise?
Lise autrefois à cet aîné promise;
Ma Lise qui....

EUPHÉMON.

Que cet objet charmant
Soit préservé d'un pareil garnement!

RONDON.

Qu'il rentre ici pour dépouiller son père?
Pour succéder?

EUPHÉMON.

Non.... tout est à son frère.

RONDON.

Ah! sans cela point de Lise pour lui.

EUPHÉMON.

Il aura Lise et mes biens aujourd'hui;
Et son aîné n'aura pour tout partage
Que le courroux d'un père qu'il outrage :
Il le mérite, il fut dénaturé.

RONDON.

Ah! vous l'aviez trop long-temps enduré.
L'autre du moins agit avec prudence :
Mais cet aîné! quel trait d'extravagance!
Le libertin, mon Dieu, que c'était-là!
Te souvient-il, vieux beau-père, ah, ah, ah,
Qu'il te vola, ce tour est bagatelle,
Chevaux, habits, linge, meubles, vaisselle,

Pour équiper la petite Jourdain,
Qui le quitta le lendemain matin ?
J'en ai bien ri, je l'avoue.

EUPHÉMON.

Ah! quels charmes
Trouvez-vous donc à rappeler mes larmes?

RONDON.

Et sur un as mettant vingt rouleaux d'or....
Eh, eh!

EUPHÉMON.

Cessez.

RONDON.

Te souvient encor,
Quand l'étourdi dut en face d'église
Se fiancer à ma petite Lise.
Dans quel endroit on le trouva caché?
Comment, pour qui?.... Peste, quel débauché

EUPHÉMON.

Épargnez-moi ces indignes histoires,
De sa conduite impressions trop noires;
Ne suis-je pas assez infortuné?
Je suis sorti des lieux où je suis né
Pour m'épargner, pour ôter de ma vue
Ce qui rappelle un malheur qui me tue :
Votre commerce ici vous a conduit;
Mon amitié, ma douleur vous y suit.
Ménagez-les : vous prodiguez sans cesse
La vérité; mais la vérité blesse.

RONDON.

Je me tairai, soit : j'y consens, d'accord.
Pardon; mais diable! aussi vous aviez tort,

En connaissant le fougueux caractère
De votre fils, d'en faire un mousquetaire.
EUPHÉMON.
Encor !
RONDON.
Pardon ; mais vous deviez....
EUPHÉMON.
Je dois
Oublier tout pour notre nouveau choix,
Pour mon cadet, et pour son mariage.
Çà, pensez-vous que ce cadet si sage
De votre fille ait pu toucher le cœur ?
RONDON.
Assurément. Ma fille a de l'honneur,
Elle obéit à mon pouvoir suprême,
Et quand je dis, Allons, je veux qu'on aime,
Son cœur docile, et que j'ai su tourner,
Tout aussitôt aime sans raisonner :
A mon plaisir j'ai pétri sa jeune âme.
EUPHÉMON.
Je doute un peu pourtant qu'elle s'enflamme
Par vos leçons ; et je me trompe fort
Si de vos soins votre fille est d'accord.
Pour mon aîné j'obtins le sacrifice
Des vœux naissans de son âme novice :
Je sais quels sont ces premiers traits d'amour :
Ce cœur est tendre ; il saigne plus d'un jour.
RONDON.
Vous radotez.
EUPHÉMON.
Quoi que vous puissiez dire,
Cet étourdi pouvait très-bien séduire.

RONDON.

Lui? point du tout; ce n'était qu'un vaurien.
Pauvre bon homme! allez, ne craignez rien;
Car à ma fille, après ce beau ménage,
J'ai défendu de l'aimer davantage.
Ayez le cœur sur cela réjoui;
Quand j'ai dit non, personne ne dit oui.
Voyez plutôt.

SCÈNE II.

EUPHÉMON, RONDON, LISE, MARTHE.

RONDON.

Approchez, venez, Lise;
Ce jour pour vous est un grand jour de crise.
Que je te donne un mari jeune ou vieux,
Ou laid ou beau, triste ou gai, riche ou gueux,
Ne sens-tu pas des désirs de lui plaire,
Du goût pour lui, de l'amour?

LISE.

Non, mon père.

RONDON.

Comment, coquine?

EUPHÉMON.

Ah, ah! notre féal,
Votre pouvoir va, ce semble, un peu mal :
Qu'est devenu ce despotique empire?

RONDON.

Comment? après tout ce que j'ai pu dire,
Tu n'aurais pas un peu de passion
Pour ton futur époux?

LISE.

Mon père, non.

RONDON.

Ne sais-tu pas que le devoir t'oblige
À lui donner tout ton cœur?

LISE.

Non, vous dis-je.
Je sais, mon père, à quoi ce nœud sacré
Oblige un cœur de vertu pénétré;
Je sais qu'il faut, aimable en sa sagesse,
De son époux mériter la tendresse,
Et réparer du moins par la bonté
Ce que le sort nous refuse en beauté;
Être au dehors discrète, raisonnable;
Dans sa maison, douce, égale, agréable :
Quant à l'amour, c'est tout un autre point;
Les sentimens ne se commandent point.
N'ordonnez rien; l'amour fuit l'esclavage.
De mon époux le reste est le partage,
Mais pour mon cœur, il le doit mériter :
Ce cœur au moins, difficile à dompter,
Ne peut aimer ni par ordre d'un père,
Ni par raison, ni par-devant notaire.

EUPHÉMON.

C'est à mon gré raisonner sensément;
J'approuve fort ce juste sentiment.
C'est à mon fils à tâcher de se rendre
Digne d'un cœur aussi noble que tendre.

RONDON.

Vous tairez-vous, radoteur complaisant,
Flatteur barbon, vrai corrupteur d'enfant?

Jamais sans vous ma fille bien apprise
N'eût devant moi lâché cette sottise.
   (*à Lise.*)
Écoute, toi : je te baille un mari
Tant soit peu fat, et par trop renchéri;
Mais c'est à moi de corriger mon gendre :
Toi, tel qu'il est, c'est à toi de le prendre,
De vous aimer, si vous pouvez, tous deux,
Et d'obéir à tout ce que je veux :
C'est là ton lot; et toi, notre beau-père,
Allons signer chez notre gros notaire,
Qui vous allonge en cent mots superflus
Ce qu'on dirait en quatre tout au plus.
Allons hâter son bavard griffonnage;
Lavons la tête à ce large visage;
Puis je reviens, après cet entretien,
Gronder ton fils, ma fille, et toi.

    EUPHÉMON.
      Fort bien.

SCÈNE III.

LISE, MARTHE.

    MARTHE.
Mon Dieu, qu'il joint à tous ces airs grotesques
Des sentimens et des travers burlesques!

    LISE.
Je suis sa fille; et de plus son humeur
N'altère point la bonté de son cœur;
Et sous les plis d'un front atrabilaire,
Sous cet air brusque, il a l'âme d'un père :

Quelquefois même, au milieu de ses cris,
Tout en grondant il cède à mes avis.
Il est bien vrai qu'en blâmant la personne
Et les défauts d'un mari qu'il me donne,
En me montrant d'une telle union
Tous les dangers, il a grande raison;
Mais lorsque ensuite il ordonne que j'aime,
Dieu, que je sens que son tort est extrême.

MARTHE.

Comment aimer un monsieur Fierenfat?
J'épouserais plutôt un vieux soldat
Qui jure, boit, bat sa femme, et qui l'aime,
Qu'un fat en robe, enivré de lui-même,
Qui, d'un ton grave et d'un air de pédant,
Semble juger sa femme en lui parlant,
Qui comme un paon dans lui-même se mire,
Sous son rabat se rengorge et s'admire;
Et, plus avare encor que suffisant,
Vous fait l'amour en comptant son argent.

LISE.

Ah! ton pinceau l'a peint d'après nature.
Mais qu'y ferai-je? il faut bien que j'endure
L'état forcé de cet hymen prochain.
On ne fait pas comme on veut son destin :
Et mes parens, ma fortune, mon âge,
Tout de l'hymen me prescrit l'esclavage.
Ce Fierenfat est, malgré mes dégoûts,
Le seul qui puisse être ici mon époux;
Il est le fils de l'ami de mon père;
C'est un parti devenu nécessaire.
Hélas! quel cœur, libre dans ses soupirs,

Peut se donner au gré de ses désirs?
Il faut céder : le temps, la patience,
Sur mon époux vaincront ma répugnance;
Et je pourrai, soumise à mes liens,
A ses défauts me prêter comme aux miens.

MARTHE.

C'est bien parler, belle et discrète Lise ;
Mais votre cœur tant soit peu se déguise.
Si j'osais..... mais vous m'avez ordonné
De ne parler jamais de cet aîné.

LISE.

Quoi?

MARTHE.

D'Euphémon, qui, malgré tous ses vices,
De votre cœur eut les tendres prémices,
Qui vous aimait.

LISE.

Il ne m'aima jamais.
Ne parlons plus de ce nom que je hais.

MARTHE, *en s'en allant.*

N'en parlons plus.

LISE, *la retenant.*

Il est vrai, sa jeunesse
Pour quelque temps a surpris ma tendresse.
Était-il fait pour un cœur vertueux?

MARTHE, *en s'en allant.*

C'était un fou, ma foi, très-dangereux.

LISE, *la retenant.*

De corrupteurs sa jeunesse entourée
Dans les excès se plongeait égarée :
Le malheureux! il cherchait tour à tour
Tous les plaisirs; il ignorait l'amour.

MARTHE.

Mais autrefois vous m'avez paru croire
Qu'à vous aimer il avait mis sa gloire,
Que dans vos fers il était engagé.

LISE.

S'il eût aimé, je l'aurais corrigé.
Un amour vrai, sans feinte et sans caprice,
Est en effet le plus grand frein du vice.
Dans ses liens qui sait se retenir
Est honnête homme, ou va le devenir.
Mais Euphémon dédaigna sa maîtresse;
Pour la débauche il quitta la tendresse.
Ses faux amis, indigens scélérats,
Qui dans le piége avaient conduit ses pas,
Ayant mangé tout le bien de sa mère,
Ont sous son nom volé son triste père;
Pour comble enfin, ces séducteurs cruels
L'ont entraîné loin des bras paternels,
Loin de mes yeux, qui, noyés dans les larmes,
Pleuraient encor ses vices et ses charmes.
Je ne prends plus nul intérêt à lui.

MARTHE.

Son frère enfin lui succède aujourd'hui :
Il aura Lise; et certes c'est dommage,
Car l'autre avait un bien joli visage,
De blonds cheveux, la jambe faite au tour,
Dansait, chantait, était né pour l'amour.

LISE.

Ah! que dis-tu?

MARTHE.

Même dans ces mélanges
D'égaremens, de sottises étranges,

On découvrait aisément dans son cœur,
Sous ses défauts, un certain fonds d'honneur.
LISE.
Il était né pour le bien, je l'avoue.
MARTHE.
Ne croyez pas que ma bouche le loue,
Mais il n'était, me semble, point flatteur,
Point médisant, point escroc, point menteur.
LISE.
Oui; mais....
MARTHE.
Fuyons, car c'est monsieur son frère.
LISE.
Il faut rester, c'est un mal nécessaire.

SCÈNE IV.

LISE, MARTHE, LE PRÉSIDENT FIERENFAT.

FIERENFAT.
Je l'avoûrai, cette donation
Doit augmenter la satisfaction
Que vous avez d'un si beau mariage.
Surcroît de bien est l'âme d'un ménage;
Fortune, honneurs, et dignités, je croi,
Abondamment se trouvent avec moi;
Et vous aurez dans Cognac, à la ronde,
L'honneur du pas sur les gens du beau monde.
C'est un plaisir bien flatteur que cela;
Vous entendrez murmurer : *La voilà*.
En vérité, quand j'examine au large
Mon rang, mon bien, tous les droits de ma charge,

Les agrémens que dans le monde j'ai,
Les droits d'aînesse où je suis subrogé,
Je vous en fais mon compliment, Madame.
MARTHE.
Moi, je la plains : c'est une chose infâme
Que vous mêliez dans tous vos entretiens
Vos qualités, votre rang et vos biens.
Être à la fois et Midas et Narcissse,
Enflé d'orgueil et pincé d'avarice ;
Lorgner sans cesse avec un œil content
Et sa personne et son argent comptant ;
Être en rabat un petit-maître avare ;
C'est un excès de ridicule rare :
Un jeune fat passe encor ; mais, ma foi,
Un jeune avare est un monstre pour moi.
FIERENFAT.
Ce n'est pas vous, probablement ma mie,
A qui mon père aujourd'hui me marie,
C'est à Madame : ainsi donc, s'il vous plaît,
Prenez à nous un peu moins d'intérêt.
(*à Lise.*)
Le silence est votre fait.... Vous, Madame,
Qui dans une heure ou deux serez ma femme,
Avant la nuit vous aurez la bonté
De me chasser ce gendarme effronté,
Qui, sous le nom d'une fille suivante,
Donne carrière à sa langue impudente.
Je ne suis pas un président pour rien,
Et nous pourrions l'enfermer pour son bien.
MARTHE, *à Lise.*
Défendez-moi, parlez-lui, parlez ferme :

Je suis à vous, empêchez qu'on m'enferme ;
Il pourrait bien vous enfermer aussi.

LISE.

J'augure mal déjà de tout ceci.

MARTHE.

Parlez-lui donc, laissez ces vains murmures.

LISE.

Que puis-je, hélas ! lui dire ?

MARTHE.

Des injures.

LISE.

Non, des raisons valent mieux.

MARTHE.

Croyez-moi,
Point de raisons, c'est le plus sûr.

SCÈNE V.

LES ACTEURS PRÉCÉDENS, RONDON.

RONDON.

Ma foi !
Il nous arrive une plaisante affaire.

FIERENFAT.

Eh, quoi, Monsieur ?

RONDON.

Écoute. A ton vieux père
J'allais porter notre papier timbré,
Quand nous l'avons ici près rencontré,
Entretenant au pied de cette roche
Un voyageur qui descendait du coche.

LISE.

Un voyageur jeune ?...

RONDON.

Nenni vraiment,
Un béquillard, un vieux ridé sans dent.
Nos deux barbons d'abord avec franchise
L'un contre l'autre ont mis leur barbe grise;
Leurs dos voûtés, s'élevaient, s'abaissaient
Aux longs élans des soupirs qu'ils poussaient,
Et sur le nez leur prunelle éraillée
Versait les pleurs dont elle était mouillée;
Puis, Euphémon, d'un air tout réchiné
Dans son logis soudain s'est rencogné :
Il dit qu'il sent une douleur insigne,
Qu'il faut au moins qu'il pleure avant qu'il signe,
Et qu'à personne il ne prétend parler.

FIERENFAT.

Ah je prétends, moi, l'aller consoler.
Vous savez tous comme je le gouverne;
Et d'assez près la chose nous concerne :
Je le connais, et dès qu'il me verra
Contrat en main, d'abord il signera.
Le temps est cher, mon nouveau droit d'aînesse
Est un objet....

LISE.

Non, Monsieur, rien ne presse.

RONDON.

Si fait, tout presse; et c'est ta faute aussi
Que tout cela.

LISE.

Comment? moi! ma faute?

RONDON.

Oui.

Les contre-temps qui troublent les familles
Viennent toujours par la faute des filles.
LISE.
Qu'ai-je donc fait qui vous fâche si fort?
RONDON.
Vous avez fait que vous avez tous tort.
Je veux un peu voir nos deux trouble-fêtes,
A la raison ranger leurs lourdes têtes;
Et je prétends vous marier tantôt,
Malgré leurs dents, malgré vous, s'il le faut.

FIN DU PREMIER ACTE.

ACTE II.

SCÈNE PREMIÈRE.

LISE, MARTHE.

MARTHE.

Vous frémissez en voyant de plus près
Tout ce fracas, ces noces, ces apprêts.

LISE.

Ah! plus mon cœur s'étudie et s'essaie,
Plus de ce joug la pesanteur m'effraie :
A mon avis, l'hymen et ses liens
Sont les plus grands ou des maux ou des biens.
Point de milieu ; l'état du mariage
Est des humains le plus cher avantage,
Quand le rapport des esprits et des cœurs,
Des sentimens, des goûts, et des humeurs,
Serre ces nœuds tissus par la nature,
Que l'amour forme, et que l'honneur épure.
Dieux! quel plaisir d'aimer publiquement,
Et de porter le nom de son amant!
Votre maison, vos gens, votre livrée,
Tout vous retrace une image adorée;
Et vos enfans, ces gages précieux,
Nés de l'amour, en sont de nouveaux nœuds.
Un tel hymen, une union si chère,
Si l'on en voit, c'est le Ciel sur la terre.
Mais tristement vendre par un contrat
Sa liberté, son nom, et son état,
Aux volontés d'un maître despotique,

Dont on devient le premier domestique;
Se quereller, ou s'éviter le jour;
Sans joie à table, et la nuit sans amour;
Trembler toujours d'avoir une faiblesse,
Y succomber ou combattre sans cesse;
Tromper son maître, ou vivre sans espoir
Dans les langueurs d'un importun devoir;
Gémir, sécher dans sa douleur profonde;
Un tel hymen est l'enfer de ce monde.

MARTHE.

En vérité, les filles, comme on dit,
Ont un démon qui leur forme l'esprit :
Que de lumière en une âme si neuve!
La plus experte et la plus fine veuve,
Qui sagement se console à Paris
D'avoir porté le deuil de trois maris,
N'en eût pas dit sur ce point davantage.
Mais vos dégoûts sur ce beau mariage
Auraient besoin d'un éclaircissement.
L'hymen déplaît avec le président,
Vous plairait-il avec monsieur son frère?
Débrouillez-moi de grâce ce mystère :
L'aîné fait-il bien du tort au cadet?
Haïssez-vous? aimez-vous? parlez net.

LISE.

Je n'en sais rien; je ne puis et je n'ose
De mes dégoûts bien démêler la cause.
Comment chercher la triste vérité
Au fond d'un cœur, hélas! trop agité?
Il faut au moins, pour se mirer dans l'onde,
Laisser calmer la tempête qui gronde,

Et que l'orage et les vents en repos
Ne rident plus la surface des eaux.

MARTHE.

Comparaison n'est pas raison, Madame:
On lit très-bien dans le fond de son âme,
On y voit clair; et si les passions
Portent en nous tant d'agitations,
Fille de bien sait toujours dans sa tête
D'où vient le vent qui cause la tempête.
On sait....

LISE.

Et moi, je ne veux rien savoir;
Mon œil se ferme, et je ne veux rien voir:
Je ne veux point chercher si j'aime encore
Un malheureux qu'il faut bien que j'abhorre;
Je ne veux point accroître mes dégoûts
Du vain regret d'un plus aimable époux.
Que loin de moi cet Euphémon, ce traître,
Vive content, soit heureux, s'il peut l'être;
Qu'il ne soit pas au moins déshérité:
Je n'aurai pas l'affreuse dureté,
Dans ce contrat où je me détermine,
D'être sa sœur pour hâter sa ruine.
Voilà mon cœur; c'est trop le pénétrer;
Aller plus loin serait le déchirer.

SCÈNE II.

LISE, MARTHE, UN LAQUAIS

LE LAQUAIS.

Là-bas, Madame, il est une baronne
De Croupillac....

LISE.
Sa visite m'étonne.

LE LAQUAIS.
Qui d'Angoulême arrive justement,
Et veut ici vous faire compliment.

LISE.
Hélas! sur quoi?

MARTHE.
Sur votre hymen, sans doute.

LISE.
Ah! c'est encor tout ce que je redoute.
Suis-je en état d'entendre ces propos,
Ces complimens, protocole des sots,
Où l'on se gêne, où le bon sens expire
Dans le travail de parler sans rien dire?
Que ce fardeau me pèse et me déplaît!

SCÈNE III.

LISE, Madame CROUPILLAC, MARTHE.

MARTHE.
Voilà la dame.

LISE.
Oh! je vois trop qui c'est.

MARTHE.
On dit qu'elle est assez grande épouseuse!
Un peu plaideuse, et beaucoup radoteuse.

LISE.
Des siéges donc. Madame, pardon si....

MADAME CROUPILLAC.
Ah! Madame!

LISE.

Eh, Madame!

MADAME CROUPILLAC.

Il faut aussi....

LISE.

S'asseoir, Madame.

MADAME CROUPILLAC, *assise.*

En vérité, Madame,
Je suis confuse; et dans le fond de l'âme
Je voudrais bien....

LISE.

Madame?

MADAME CROUPILLAC.

Je voudrais
Vous enlaidir, vous ôter vos attraits.
Je pleure, hélas! vous voyant si jolie.

LISE.

Consolez-vous, Madame.

MADAME CROUPILLAC.

Oh! non, ma mie;
Je ne saurais; je vois que vous aurez
Tous les maris que vous demanderez.
J'en avais un, du moins en espérance,
Un seul, hélas! c'est bien peu, quand j'y pense,
Et j'avais eu grand'peine à le trouver;
Vous me l'ôtez, vous allez m'en priver.
Il est un temps, ah! que ce temps vient vite!
Où l'on perd tout quand un amant nous quitte,
Où l'on est seule; et certe il n'est pas bien
D'enlever tout à qui n'a presque rien.

LISE.

Excusez-moi si je suis interdite

De vos discours et de votre visite.
Quel accident afflige vos esprits?
Qui perdez-vous? et qui vous ai-je pris?

MADAME CROUPILLAC.

Ma chère enfant, il est force bégueules
Au teint ridé, qui pensent qu'elles seules,
Avec du fard et quelques fausses dents,
Fixent l'amour, les plaisirs, et le temps :
Pour mon malheur, hélas! je suis plus sage;
Je vois trop bien que tout passe, et j'enrage.

LISE.

J'en suis fâchée, et tout est ainsi fait;
Mais je ne puis vous rajeunir.

MADAME CROUPILLAC.

Si fait :
J'espère encore; et ce serait peut-être
Me rajeunir que me rendre mon traître.

LISE.

Mais de quel traître ici me parlez-vous?

MADAME CROUPILLAC.

D'un président, d'un ingrat, d'un époux,
Que je poursuis, pour qui je perds haleine,
Et sûrement qui n'en vaut pas la peine.

LISE.

Eh bien! Madame?

MADAME CROUPILLAC.

Eh bien! dans mon printemps
Je ne parlais jamais aux présidens;
Je haïssais leur personne et leur style;
Mais avec l'âge on est moins difficile.

LISE.

Enfin, Madame?

MADAME CROUPILLAC.
　　　　　　Enfin il faut savoir
Que vous m'avez réduite au désespoir.
LISE.
Comment! en quoi?
MADAME CROUPILLAC.
　　　　　　　J'étais dans Angoulême
Veuve, et pouvant disposer de moi-même :
Dans Angoulême, en ce temps, Fierenfat
Étudiait, apprenti magistrat;
Il me lorgnait; il se mit dans la tête
Pour ma personne un amour malhonnête,
Bien malhonnête, hélas! bien outrageant;
Car il faisait l'amour à mon argent.
Je fis écrire au bon homme de père :
On s'entremit, on poussa loin l'affaire;
Car en mon nom souvent on lui parla :
Il répondit qu'il verrait tout cela ;
Vous voyez bien que la chose était sûre.
LISE.
Oh, oui.
MADAME CROUPILLAC.
　　　　　　Pour moi, j'étais prête à conclure.
De Fierenfat alors le frère aîné
A votre lit fut, dit-on, destiné.
LISE.
Quel souvenir !
MADAME CROUPILLAC.
　　　　　　C'était un fou, ma chère,
Qui jouissait de l'honneur de vous plaire.
LISE.
Ah !

MADAME CROUPILLAC.
Ce fou-là s'étant fort dérangé,
Et de son père ayant pris son congé,
Errant, proscrit, peut-être mort, que sais-je?
(Vous vous troublez!) mon héros de collége,
Mon président, sachant que votre bien
Est, tout compté, plus ample que le mien,
Méprise enfin ma fortune et mes larmes :
De votre dot il convoite les charmes;
Entre vos bras il est ce soir admis.
Mais pensez-vous qu'il vous soit bien permis
D'aller ainsi, courant de frère en frère,
Vous emparer d'une famille entière?
Pour moi, dejà, par protestation,
J'arrête ici la célébration :
J'y mangerai mon château, mon douaire;
Et le procès sera fait de manière
Que vous, son père, et les enfans que j'ai,
Nous serons morts avant qu'il soit jugé.

LISE.
En vérité, je suis toute honteuse
Que mon hymen vous rende malheureuse;
Je suis peu digne, hélas! de ce courroux.
Sans être heureux on fait donc des jaloux!
Cessez, Madame, avec un œil d'envie
De regarder mon état et ma vie;
On nous pourrait aisément accorder :
Pour un mari je ne veux point plaider.

MADAME CROUPILLAC.
Quoi! point plaider?

LISE.
Non, je vous l'abandonne.

MADAME CROUPILLAC.

Vous êtes donc sans goût pour sa personne ?
Vous n'aimez point ?

LISE.

Je trouve peu d'attraits
Dans l'hyménée, et nul dans les procès.

SCÈNE IV.

Madame CROUPILLAC, LISE, RONDON.

RONDON.

Oh ! oh ! ma fille, on nous fait des affaires
Qui font dresser les cheveux aux beaux-pères !
On m'a parlé de protestation.
Eh, vertu-bleu ! qu'on en parle à Rondon ;
Je chasserai bien loin ces créatures.

MADAME CROUPILLAC.

Faut-il encore essuyer des injures ?
Monsieur Rondon, de grâce, écoutez-moi.

RONDON.

Que vous plaît-il ?

MADAME CROUPILLAC.

Votre gendre est sans foi :
C'est un fripon d'espèce toute neuve,
Galant, avare, écornifleur de veuve ;
C'est de l'argent qu'il aime.

RONDON.

Il a raison.

MADAME CROUPILLAC.

Il m'a cent fois promis dans ma maison
Un pur amour, d'éternelles tendresses.

RONDON.
Est-ce qu'on tient de semblables promesses?
MADAME CROUPILLAC.
Il m'a quittée, hélas! si durement.
RONDON.
J'en aurais fait de bon cœur tout autant.
MADAME CROUPILLAC.
Je vais parler comme il faut à son père.
RONDON.
Ah! parlez-lui plutôt qu'à moi.
MADAME CROUPILLAC.
L'affaire
Est effroyable, et le beau sexe entier
En ma faveur ira partout crier.
RONDON.
Il crîra moins que vous.
MADAME CROUPILLAC.
Ah! vos personnes
Sauront un peu ce qu'on doit aux baronnes.
RONDON.
On doit en rire.
MADAME CROUPILLAC.
Il me faut un époux;
Et je prendrai lui, son vieux père, ou vous.
RONDON.
Qui, moi?
MADAME CROUPILLAC.
Vous-même.
RONDON.
Oh! je vous en défie.

MADAME GROUPILLAC.

Nous plaiderons.

RONDON.

Mais voyez la folie !

SCÈNE V.

RONDON, FIERENFAT, LISE.

RONDON, *à Lise*.

Je voudrais bien savoir aussi pourquoi
Vous recevez ces visites chez moi ?
Vous m'attirez toujours des algarades.

(*à Fierenfat.*)

Et vous, Monsieur, le roi des pédans fades,
Quel sot démon vous pousse à courtiser
Une baronne afin de l'abuser ?
C'est bien à vous, avec ce plat visage,
De vous donner des airs d'être volage !
Il vous sied bien, grave et triste indolent,
De vous mêler du métier de galant !
C'était le fait de votre fou de frère !
Mais vous, mais vous !

FIERENFAT.

Détrompez-vous, beau-père,
Je n'ai jamais requis cette union :
Je ne promis que sous condition,
Me réservant toujours au fond de l'âme
Le droit de prendre une plus riche femme.
De mon aîné l'exhérédation,
Et tous ses biens en ma possession,

A votre fille enfin m'ont fait prétendre :
Argent comptant fait et beau-père et gendre.
RONDON.
Il a raison, ma foi! j'en suis d'accord.
LISE.
Avoir ainsi raison, c'est un grand tort.
RONDON.
L'argent fait tout : va, c'est chose très-sûre.
Hâtons-nous donc sur ce pied de conclure.
D'écus tournois soixante pesans sacs
Finiront tout, malgré les Croupillacs.
Qu'Euphémon tarde, et qu'il me désespère!
Signons toujours avant lui.
LISE.
Non, mon père;
Je fais aussi mes protestations,
Et je me donne à des conditions.
RONDON.
Conditions, toi? quelle impertinence?
Tu dis, tu dis?...
LISE.
Je dis ce que je pense.
Peut-on goûter le bonheur odieux
De se nourrir des pleurs d'un malheureux?
(à Fierenfat.)
Et vous, Monsieur, dans votre sort prospère,
Oubliez-vous que vous avez un frère?
FIERENFAT.
Mon frère? moi, je ne l'ai jamais vu;
Et du logis il était disparu
Lorsque j'étais encor dans notre école

Le nez collé sur Cujas et Barthole.
J'ai su depuis ses beaux déportemens ;
Et si jamais il reparaît céans,
Consolez-vous, nous savons les affaires,
Nous l'enverrons en douceur aux galères.
LISE.
C'est un projet fraternel et chrétien.
En attendant, vous confisquez son bien :
C'est votre avis ; mais moi, je vous déclare
Que je déteste un tel projet.
RONDON.
Tarare.
Va, mon enfant, le contrat est dressé ;
Sur tout cela le notaire a passé.
FIERENFAT.
Nos pères l'ont ordonné de la sorte ;
En droit écrit leur volonté l'emporte.
Lisez Cujas, chapitres, cinq, six, sept :
« Tout libertin de débauches infect,
« Qui, renonçant à l'aile paternelle,
« Fuit la maison, ou bien qui pille icelle,
« *Ipso facto*, de tout dépossédé,
« Comme un bâtard il est exhérédé.
LISE.
Je ne connais le droit ni la coutume ;
Je n'ai point lu Cujas, mais je présume
Que ce sont tous des malhonnêtes gens,
Vrais ennemis du cœur et du bon sens,
Si dans leur code ils ordonnent qu'un frère
Laisse périr son frère de misère ;
Et la nature et l'honneur ont leurs droits,
Qui valent mieux que Cujas et vos lois.

RONDON.

Ah! laissez-là vos lois et votre code,
Et votre honneur, et faites à ma mode;
De cet aîné que t'embarrasses-tu?
Il faut du bien.

LISE.

Il faut de la vertu.
Qu'il soit puni; mais au moins qu'on lui laisse
Un peu de bien, reste d'un droit d'aînesse.
Je vous le dis, ma main ni mes faveurs
Ne seront point le prix de ses malheurs.
Corrigez donc l'article que j'abhorre
Dans ce contrat qui tous nous déshonore :
Si l'intérêt ainsi l'a pu dresser,
C'est un opprobre, il le faut effacer.

FIERENFAT.

Ah! qu'une femme entend mal les affaires!

RONDON.

Quoi! tu voudrais corriger deux notaires?
Faire changer un contrat?

LISE.

Pourquoi non?

RONDON.

Tu ne feras jamais bonne maison;
Tu perdras tout.

LISE.

Je n'ai pas grand usage,
Jusqu'à présent, du monde et du ménage;
Mais l'intérêt, mon cœur vous le maintient,
Perd des maisons autant qu'il en soutient.
Si j'en fais une, au moins cet édifice
Sera d'abord fondé sur la justice.

RONDON.

Elle est têtue; et pour la contenter,
Allons, mon gendre, il faut s'exécuter :
Çà, donne un peu.

FIERENFAT.

Oui, je donne à mon frère...
Je donne... allons...

RONDON.

Ne lui donne donc guère.

SCÈNE VI.

EUPHÉMON, RONDON, LISE, FIERENFAT.

RONDON.

Ah! le voici, le bon homme Euphémon.
Viens, viens, j'ai mis ma fille à la raison.
On n'attend plus rien que ta signature;
Presse-moi donc cette tardive allure :
Dégourdis-toi, prends un ton réjoui,
Un air de noce, un front épanoui;
Car dans neuf mois je veux, ne te déplaise,
Que deux enfans... je ne me sens pas d'aise.
Allons, ris donc, chassons tous les ennuis;
Signons, signons.

EUPHÉMON.

Non, Monsieur, je ne puis.

FIERENFAT.

Vous ne pouvez?

RONDON.

En voici bien d'une autre.

FIERENFAT.

Quelle raison?

RONDON.

Quelle rage est la vôtre ?
Quoi ! tout le monde est-il devenu fou ?
Chacun dit non : comment ? pourquoi ? par où ?

EUPHÉMON.

Ah ! ce serait outrager la nature
Que de signer dans cette conjoncture.

RONDON.

Serait-ce point la dame Croupillac
Qui sourdement fait ce maudit micmac ?

EUPHÉMON.

Non, cette femme est folle, et dans sa tête
Elle veut rompre un hymen que j'apprête :
Mais ce n'est pas de ses cris impuissans
Que sont venus les ennuis que je sens.

RONDON.

Eh bien ! quoi donc ? ce béquillard du coche
Dérange tout et notre affaire accroche ?

EUPHÉMON.

Ce qu'il a dit doit retarder du moins
L'heureux hymen, objet de tant de soins.

LISE.

Qu'a-t-il donc dit, Monsieur ?

FIERENFAT.

Quelle nouvelle
A-t-il appris ?

EUPHÉMON.

Une, hélas ! trop cruelle.
Devers Bordeaux cet homme a vu mon fils,
Dans les prisons, sans secours, sans habits,
Mourant de faim ; la honte et la tristesse

Vers le tombeau conduisaient sa jeunesse;
La maladie et l'excès du malheur
De son printemps avaient séché la fleur;
Et dans son sang la fièvre enracinée
Précipitait sa dernière journée.
Quand il le vit, il était expirant :
Sans doute, hélas! il est mort à présent.

RONDON.

Voilà, ma foi, sa pension payée.

LISE.

Il serait mort!

RONDON.

N'en sois point effrayée,
Va, que t'importe?

FIERENFAT.

Ah! Monsieur, la pâleur
De son visage efface la couleur.

RONDON.

Elle est, ma foi, sensible : ah! la friponne!
Puisqu'il est mort, allons, je te pardonne.

FIERENFAT.

Mais après tout, mon père, voulez-vous...?

EUPHÉMON.

Ne craignez rien, vous serez son époux :
C'est mon bonheur. Mais il serait atroce
Qu'un jour de deuil devînt un jour de noce.
Puis-je, mon fils, mêler à ce festin
Le contre-temps de mon juste chagrin,
Et sur vos fronts parés de fleurs nouvelles
Laisser couler mes larmes paternelles?
Donnez, mon fils, ce jour à nos soupirs,

Et différez l'heure de vos plaisirs :
Par une joie indiscrète, insensée,
L'honnêteté serait trop offensée.

LISE.

Ah ! oui, Monsieur, j'approuve vos douleurs;
Il m'est plus doux de partager vos pleurs
Que de former les nœuds du mariage.

FIERENFAT.

Eh ! mais, mon père....

RONDON.

Eh vous n'êtes pas sage.
Quoi ! différer un hymen projeté,
Pour un ingrat cent fois déshérité,
Maudit de vous, de sa famille entière !

EUPHÉMON.

Dans ces momens un père est toujours père :
Ses attentats et toutes ses erreurs
Furent toujours le sujet de mes pleurs,
Et ce qui pèse à mon âme attendrie,
C'est qu'il est mort sans réparer sa vie.

RONDON.

Réparons-la; donnons-nous aujourd'hui
Des petits-fils qui valent mieux que lui;
Signons, dansons, allons. Que de faiblesse !

EUPHÉMON.

Mais....

RONDON.

Mais, morbleu ! ce procédé me blesse :
De regretter même le plus grand bien,
C'est fort mal fait : douleur n'est bonne à rien ;
Mais regretter le fardeau qu'on vous ôte,

C'est une énorme et ridicule faute.
Ce fils aîné, ce fils, votre fléau,
Vous mit trois fois sur le bord du tombeau.
Pauvre cher homme, allez, sa frénésie
Eût tôt ou tard abrégé notre vie.
Soyez tranquille, et suivez mes avis;
C'est un grand gain que de perdre un tel fils.

EUPHÉMON.

Oui, mais ce gain coûte plus qu'on ne pense;
Je pleure, hélas! sa mort et sa naissance.

RONDON, *à Fierenfat.*

Va : suis ton père, et sois expéditif;
Prends ce contrat; le mort saisit le vif.
Il n'est plus temps qu'avec moi l'on barguigne :
Prends-lui la main, qu'il parafe et qu'il signe
(*à Lise.*)
Et toi, ma fille, attendons à ce soir :
Tout ira bien.

LISE.
Je suis au désespoir.

FIN DU SECOND ACTE.

ACTE III.

SCÈNE PREMIÈRE.

EUPHÉMON fils, JASMIN.

JASMIN.

Oui, mon ami, tu fus jadis mon maître ;
Je t'ai servi deux ans sans te connaître ;
Ainsi que toi réduit à l'hôpital,
Ta pauvreté m'a rendu ton égal.
Non, tu n'es plus ce monsieur d'Entremonde,
Ce chevalier si pimpant dans le monde,
Fêté, couru, de femmes entouré,
Nonchalamment de plaisirs enivré :
Tout est au diable. Éteins dans ta mémoire
Ces vains regrets des beaux jours de ta gloire :
Sur du fumier l'orgueil est un abus ;
Le souvenir d'un bonheur qui n'est plus
Est à nos maux un poids insupportable.
Toujours Jasmin, j'en suis moins misérable :
Né pour souffrir, je sais souffrir gaiement ;
Manquer de tout, voilà mon élément :
Ton vieux chapeau, tes guenilles de bure,
Dont tu rougis, c'était là ma parure.
Tu dois avoir, ma foi ! bien du chagrin
De n'avoir pas été toujours Jasmin.

EUPHÉMON FILS.

Que la misère entraîne d'infamie !
Faut-il encor qu'un valet m'humilie ?

Quelle accablante et terrible leçon!
Je sens encor, je sens qu'il a raison.
Il me console au moins à sa manière;
Il m'accompagne, et son âme grossière,
Sensible et tendre en sa rusticité,
N'a point pour moi perdu l'humanité;
Né mon égal (puisque enfin il est homme)
Il me soutient sous le poids qui m'assomme.
Il suit gaiement mon sort infortuné;
Et mes amis m'ont tous abandonné.

JASMIN.

Toi, des amis! hélas! mon pauvre maître,
Apprends-moi donc de grâce, à les connaître.
Comment sont faits les gens qu'on nomme amis?

EUPHÉMON FILS.

Tu les a vus chez moi toujours admis,
M'importunant souvent de leurs visites,
A mes soupers délicats parasites,
Vantant mes goûts d'un esprit complaisant,
Et sur le tout empruntant mon argent;
De leur bon cœur m'étourdissant la tête,
Et me louant moi présent.

JASMIN.

                Pauvre bête!
Pauvre innocent! tu ne les voyais pas
Te chansonner au sortir d'un repas,
Siffler, berner ta bénigne imprudence?

EUPHÉMON FILS.

Ah! je le crois; car, dans ma décadence,
Lorsqu'à Bordeaux je me vis arrêté,
Aucun de ceux à qui j'ai tout prêté

Ne me vint voir ; nul ne m'offrit sa bourse :
Puis au sortir, malade et sans ressource,
Lorsqu'à l'un d'eux, que j'avais tant aimé,
J'allais m'offrir mourant, inanimé,
Sous ces haillons, dépouilles délabrées,
De l'indigence exécrables livrées;
Quand je lui vins demander un secours
D'où dépendaient mes misérables jours,
Il détourna son œil confus et traître,
Puis il feignit de ne me pas connaître,
Et me chassa comme un pauvre importun.

JASMIN.
Aucun n'osa te consoler?
EUPHÉMON FILS.
Aucun.
JASMIN.
Ah, les amis! les amis! quels infâmes!
EUPHÉMON FILS.
Les hommes sont tous de fer.
JASMIN.
Et les femmes?
EUPHÉMON FILS.
J'en attendais, hélas! plus de douceur;
J'en ai cent fois essuyé plus d'horreur.
Celle surtout qui, m'aimant sans mystère,
Semblait placer son orgueil à me plaire,
Dans son logis meublé de mes présens,
De mes bienfaits achetait des amans,
Et de mon vin régalait leur cohue,
Lorsque de faim j'expirais dans la rue.
Enfin, Jasmin, sans ce pauvre vieillard
Qui dans Bordeaux me trouva par hasard,

Qui m'avait vu, dit-il, dans mon enfance,
Une mort prompte eût fini ma souffrance.
Mais en quel lieu sommes-nous, cher Jasmin?
JASMIN.
Près de Cognac, si je sais mon chemin;
Et l'on m'a dit que mon vieux pauvre maître,
Monsieur Rondon, loge en ces lieux peut-être.
EUPHÉMON FILS.
Rondon, le père de.... Quel nom dis-tu?
JASMIN.
Le nom d'un homme assez brusque et bourru.
Je fus jadis page dans sa cuisine;
Mais, dominé d'une humeur libertine,
Je voyageai : je fus depuis coureur,
Laquais, commis, fantassin, déserteur;
Puis dans Bordeaux je te pris pour mon maître.
De moi Rondon se souviendra peut-être;
Et nous pourrions dans notre adversité....
EUPHÉMON FILS.
Et depuis quand, dis-moi, l'as-tu quitté?
JASMIN.
Depuis quinze ans. C'était un caractère,
Moitié plaisant, moitié triste et colère,
Au fond bon diable : il avait un enfant,
Un vrai bijou, fille unique vraiment,
OEil bleu, nez court, teint frais, bouche vermeille,
Et des raisons! c'était une merveille.
Cela pouvait bien avoir de mon temps,
A bien compter, entre six à sept ans;
Et cette fleur, avec l'âge embellie,
Est en état, ma foi! d'être cueillie.

COMÉDIE.

EUPHÉMON FILS.

Ah ! malheureux !

JASMIN.

Mais j'ai beau te parler
Ce que je dis ne te peut consoler :
Je vois toujours à travers ta visière
Tomber des pleurs qui bordent ta paupière.

EUPHÉMON FILS.

Quel coup du sort, ou quel ordre des cieux
A pu guider ma misère en ces lieux ?
Hélas !

JASMIN.

Ton œil contemple ces demeures ;
Tu restes là tout pensif, et tu pleures.

EUPHÉMON FILS.

J'en ai sujet.

JASMIN.

Mais connais-tu Rondon ?
Serais-tu pas parent de la maison ?

EUPHÉMON FILS.

Ah ! laisse-moi.

JASMIN, *en l'embrassant.*

Par charité, mon maître,
Mon cher ami, dis-moi qui tu peux être.

EUPHÉMON FILS, *en pleurant.*

Je suis.... je suis un malheureux mortel,
Je suis un fou, je suis un criminel,
Qu'on doit haïr, que le Ciel doit poursuivre,
Et qui devrait être mort.

JASMIN.

Songe à vivre ;

Mourir de faim est par trop rigoureux :
Tiens, nous avons quatre mains à nous deux,
Servons-nous-en sans complainte importune.
Vois-tu d'ici ces gens dont la fortune
Est dans leurs bras, qui la bêche à la main,
Le dos courbé, retournent ce jardin?
Enrôlons-nous parmi cette canaille ;
Viens avec eux, imite-les, travaille,
Gagne ta vie.

EUPHÉMON FILS.

Hélas ! dans leurs travaux,
Ces vils humains, moins hommes qu'animaux,
Goûtent des biens dont toujours mes caprices
M'avaient privé dans mes fausses délices ;
Ils ont au moins, sans trouble, sans remords,
La paix de l'âme et la santé du corps.

SCÈNE II.

Madame CROUPILLAC, EUPHÉMON fils, JASMIN.

MADAME CROUPILLAC, *dans l'enfoncement.*
Que vois-je ? serais-je aveugle ou borgne ?
C'est lui, ma foi ! plus j'avise et je lorgne
Cet homme-là, plus je dis que c'est lui ;
(*Elle le considère.*)
Mais ce n'est plus le même homme aujourd'hui.
Ce cavalier brillant dans Angoulême,
Jouant gros jeu, cousu d'or.... c'est lui-même.
(*Elle s'approche d'Euphémon.*)
Mais l'autre était riche, heureux, beau, bien fait,
Et celui-ci me semble pauvre et laid.

La maladie altère un beau visage ;
La pauvreté change encor davantage.

JASMIN.

Mais pourquoi donc ce spectre féminin
Nous poursuit-il de son regard malin ?

EUPHÉMON FILS.

Je la connais, hélas ! ou je me trompe ;
Elle m'a vu dans l'éclat, dans la pompe.
Il est affreux d'être ainsi dépouillé
Aux mêmes yeux auxquels on a brillé.
Sortons.

MADAME CROUPILLAC, *s'avançant vers Euphémon fils.*

Mon fils, quelle étrange aventure
T'a donc réduit en si piètre posture ?

EUPHÉMON FILS.

Ma faute.

MADAME CROUPILLAC.

Hélas ! comme te voilà mis !

JASMIN.

C'est pour avoir eu d'excellens amis,
C'est pour avoir été volé, Madame.

MADAME CROUPILLAC.

Volé, par qui ? comment ?

JASMIN.

Par bonté d'âme.
Nos voleurs sont de très-honnêtes gens,
Gens du beau monde, aimables fainéans,
Buveurs, joueurs et conteurs agréables,
Des gens d'esprit, des femmes adorables.

MADAME CROUPILLAC.

J'entends, j'entends, vous avez tout mangé :

Mais vous serez cent fois plus affligé
Quand vous saurez les excessives pertes
Qu'en fait d'hymen j'ai depuis peu souffertes.

EUPHÉMON FILS.

Adieu, Madame.

MADAME CROUPILLAC, *l'arrêtant.*

Adieu! non, tu sauras
Mon accident; parbleu! tu me plaindras.

EUPHÉMON FILS.

Soit, je vous plains : adieu.

MADAME CROUPILLAC.

Non; je te jure
Que tu sauras toute mon aventure.
Un Fierenfat, robin de son métier,
Vint avec moi connaissance lier,

(*Elle court après lui.*)

Dans Angoulême, au temps où vous battîtes
Quatre huissiers, et la fuite vous prîtes.
Ce Fierenfat habite en ce canton
Avec son père, un seigneur Euphémon.

EUPHÉMON FILS, *revenant.*

Euphémon?

MADAME CROUPILLAC.

Oui.

EUPHÉMON FILS.

Ciel! Madame, de grâce,
Cet Euphémon, cet honneur de sa race,
Que ses vertus ont rendu si fameux,
Serait,....

MADAME CROUPILLAC.

Eh! oui.

EUPHÉMON FILS.
Quoi! dans ces mêmes lieux?
MADAME CROUPILLAC.
Oui.
EUPHÉMON FILS.
Puis-je au moins savoir.... comme il se porte?
MADAME CROUPILLAC.
Fort bien, je crois.... Que diable vous importe?
EUPHÉMON FILS.
Et que dit-on...?
MADAME CROUPILLAC.
De qui?
EUPHÉMON FILS.
D'un fils aîné
Qu'il eut jadis.
MADAME CROUPILLAC.
Ah! c'est un fils mal né,
Un garnement, une tête légère,
Un fou fieffé, le fléau de son père,
Depuis long-temps de débauches perdu,
Et qui peut-être est à présent pendu.
EUPHÉMON FILS.
En vérité.... je suis confus dans l'âme
De vous avoir interrompu, Madame.
MADAME CROUPILLAC.
Poursuivons donc. Fierenfat, son cadet,
Chez moi l'amour hautement me faisait;
Il me devait avoir par mariage.
EUPHÉMON FILS.
Eh bien! a-t-il ce bonheur en partage?
Est-il à vous?

MADAME CROUPILLAC.
Non; ce fat engraissé
De tout le lot de son frère insensé,
Devenu riche et voulant l'être encore,
Rompt aujourd'hui cet hymen qui l'honore.
Il veut saisir la fille d'un Rondon,
D'un plat bourgeois, le coq de ce canton.
EUPHÉMON FILS.
Que dites-vous? Quoi! Madame, il l'épouse?
MADAME CROUPILLAC.
Vous m'en voyez terriblement jalouse.
EUPHÉMON FILS.
Ce jeune objet aimable.... dont Jasmin
M'a tantôt fait un portrait si divin,
Se donnerait....
JASMIN.
Quelle rage est la vôtre!
Autant lui vaut ce mari-là qu'un autre.
Quel diable d'homme! il s'afflige de tout.
EUPHÉMON FILS, *à part.*
Ce coup a mis ma patience à bout.
(*à madame Croupillac.*)
Ne doutez point que mon cœur ne partage
Amèrement un si sensible outrage :
Si j'étais cru, cette Lise aujourd'hui
Assurément ne serait pas pour lui.
MADAME CROUPILLAC.
Oh! tu le prends du ton qu'il le faut prendre :
Tu plains mon sort, un gueux est toujours tendre :
Tu paraissais bien moins compatissant
Quand tu roulais sur l'or et sur l'argent.
Écoute : on peut s'entr'aider dans la vie.

JASMIN.

Aidez-nous donc, Madame, je vous prie.

MADAME CROUPILLAC.

Je veux ici te faire agir pour moi.

EUPHÉMON FILS.

Moi, vous servir, hélas! Madame, en quoi?

MADAME CROUPILLAC.

En tout. Il faut prendre en main mon injure :
Un autre habit, quelque peu de parure,
Te pourraient rendre encore assez joli :
Ton esprit est insinuant, poli ;
Tu connais l'art d'empaumer une fille.
Introduis-toi, mon cher, dans la famille ;
Fais le flatteur auprès de Fierenfat ;
Vante son bien, son esprit, son rabat,
Sois en faveur ; et lorsque je proteste
Contre son vol, toi, mon cher, fais le reste :
Je veux gagner du temps en protestant.

EUPHÉMON, *voyant son père.*

Que vois-je! ô Ciel!

(*il s'enfuit.*)

MADAME CROUPILLAC.

Cet homme est fou vraiment :
Pourquoi s'enfuir?

JASMIN.

C'est qu'il vous craint, sans doute,

MADAME CROUPILLAC.

Poltron, demeure, arrête, écoute, écoute

SCÈNE III.
EUPHÉMON père, JASMIN.

EUPHÉMON.

Je l'avoûrai, cet aspect imprévu
D'un malheureux avec peine entrevu,
Porte à mon cœur je ne sais quelle atteinte
Qui me remplit d'amertume et de crainte :
Il a l'air noble, et même certains traits
Qui m'ont touché; las! je ne vois jamais
De malheureux à peu près de cet âge,
Que de mon fils la douloureuse image
Ne vienne alors, par un retour cruel,
Persécuter ce cœur trop paternel.
Mon fils est mort, ou vit dans la misère,
Dans la débauche, et fait honte à son père.
De tous côtés je suis bien malheureux!
J'ai deux enfans, ils m'accablent tous deux
L'un, par sa perte et par sa vie infâme,
Fait mon supplice et déchire mon âme;
L'autre en abuse; il sent trop que sur lui
De mes vieux ans j'ai fondé tout l'appui.
Pour moi la vie est un poids qui m'accable.
    (*apercevant Jasmin qui le salue.*)
Que me veux-tu, l'ami?

JASMIN.

Seigneur aimable,
Reconnaissez, digne et noble Euphémon,
Certain Jasmin élevé chez Rondon.

EUPHÉMON.

Ah, ah! c'est toi? Le temps change un visage;

Et mon front chauve en sent le long outrage.
Quand tu partis, tu me vis encor frais;
Mais l'âge avance, et le terme est bien près.
Tu reviens donc enfin dans ta patrie?

JASMIN.

Oui; je suis las de tourmenter ma vie,
De vivre errant et damné comme un juif :
Le bonheur semble un être fugitif :
Le diable enfin, qui toujours me promène,
Me fit partir, le diable me ramène.

EUPHÉMON.

Je t'aiderai : sois sage, si tu peux.
Mais quel était cet autre malheureux
Qui te parlait dans cette promenade,
Qui s'est enfui?

JASMIN.

Mais.... c'est mon camarade,
Un pauvre hère, affamé comme moi,
Qui, n'ayant rien, cherche aussi de l'emploi.

EUPHÉMON.

On peut tous deux vous occuper peut-être.
A-t-il des mœurs? est-il sage?

JASMIN.

Il doit l'être.
Je lui connais d'assez bons sentimens;
Il a de plus de fort jolis talens;
Il sait écrire, il sait l'arithmétique,
Dessine un peu, sait un peu de musique :
Ce drôle-là fut très-bien élevé.

EUPHÉMON.

S'il est ainsi, son poste est tout trouvé;

Jasmin, mon fils deviendra votre maître !
Il se marie, et dès ce soir peut-être ;
Avec son bien, son train doit augmenter.
Un de ses gens qui vient de le quitter
Vous laisse encore une place vacante :
Tous deux ce soir il faut qu'on vous présente ;
Vous le verrez chez Rondon mon voisin ;
J'en parlerai. J'y vais : adieu, Jasmin :
En attendant, tiens, voici de quoi boire.

SCÈNE IV.

JASMIN.

Ah ! l'honnête homme ! ô ciel ! pourrait-on croire
Qu'il soit encore, en ce siècle félon,
Un cœur si droit, un mortel aussi bon ?
Cet air, ce port, cette âme bienfaisante,
Du bon vieux temps est l'image parlante.

SCÈNE V.

EUPHÉMON FILS, *revenant*, JASMIN.

JASMIN, *en l'embrassant.*
Je t'ai trouvé déjà condition,
Et nous serons laquais chez Euphémon.

EUPHÉMON FILS.

Ah !

JASMIN.

S'il te plaît, quel excès de surprise ?
Pourquoi ces yeux de gens qu'on exorcise,
Et ces sanglots coup sur coup redoublés,
Pressant tes mots au passage étranglés ?

EUPHÉMON FILS.
Ah! je ne puis contenir ma tendresse;
Je cède au trouble, au remords qui me presse.
JASMIN.
Qu'a-t-elle dit qui t'ait tant agité?
EUPHÉMON FILS.
Elle m'a dit.... Je n'ai rien écouté.
JASMIN.
Qu'avez-vous donc?
EUPHÉMON FILS.
Mon cœur ne peut se taire
Cet Euphémon...
JASMIN.
Eh bien?
EUPHÉMON FILS.
Ah!.... c'est mon père.
JASMIN.
Qui? lui, Monsieur!
EUPHÉMON FILS.
Oui, je suis cet aîné,
Ce criminel, et cet infortuné,
Qui désola sa famille éperdue.
Ah! que mon cœur palpitait à sa vue!
Qu'il lui portait ses vœux humiliés!
Que j'étais près de tomber à ses pieds!
JASMIN.
Qui, vous, son fils? Ah! pardonnez, de grâce,
Ma familière et ridicule audace;
Pardon, Monsieur.
EUPHÉMON FILS.
Va, mon cœur oppressé
Peut-il savoir si tu m'as offensé?

JASMIN.

Vous êtes fils d'un homme qu'on admire,
D'un homme unique; et, s'il faut tout vous dire.
D'Euphémon fils la réputation
Ne flaire pas à beaucoup près si bon.

EUPHÉMON FILS.

Et c'est aussi ce qui me désespère.
Mais réponds-moi; que te disait mon père?

JASMIN.

Moi, je disais que nous étions tous deux
Prêts à servir, bien élevés, très-gueux;
Et lui, plaignant nos destins sympathiques,
Nous recevait tous deux pour domestiques.
Il doit ce soir vous placer chez ce fils,
Ce président à Lise tant promis,
Ce président, votre fortuné frère,
De qui Rondon doit être le beau-père.

EUPHÉMON FILS.

Eh bien! il faut développer mon cœur.
Vois tous mes maux, connais leur profondeur :
S'être attiré, par un tissu de crimes,
D'un père aimé les fureurs légitimes,
Être maudit, être déshérité,
Sentir l'horreur de la mendicité,
A mon cadet voir passer ma fortune,
Être exposé, dans ma honte importune,
A le servir, quand il m'a tout ôté;
Voilà mon sort : je l'ai bien mérité.
Mais croiras-tu qu'au sein de la souffrance,
Mort aux plaisirs, et mort à l'espérance,

Haï du monde, et méprisé de tous,
N'attendant rien, j'ose être encor jaloux?
JASMIN.
Jaloux! de qui?
EUPHÉMON FILS.
De mon frère, de Lise.
JASMIN.
Vous sentiriez un peu de convoitise
Pour votre sœur? mais vraiment c'est un trait
Digne de vous; ce péché vous manquait.
EUPHÉMON FILS.
Tu ne sais pas qu'au sortir de l'enfance
(Car chez Rondon tu n'étais plus je pense),
Par nos parens l'un à l'autre promis,
Nos cœurs étaient à leurs ordres soumis;
Tout nous liait, la conformité d'âge,
Celle des goûts, les jeux, le voisinage :
Plantés exprès, deux jeunes arbrisseaux
Croissent ainsi pour unir leurs rameaux.
Le temps, l'amour qui hâtait sa jeunesse,
La fit plus belle, augmenta sa tendresse :
Tout l'univers alors m'eût envié ;
Mais jeune, aveugle, à des méchans lié,
Qui de mon cœur corrompaient l'innocence,
Ivre de tout dans mon extravagance,
Je me faisais un lâche point d'honneur
De mépriser, d'insulter son ardeur.
Le croirais-tu? je l'accablai d'outrages.
Quels temps, hélas! Les violens orages
Des passions qui troublaient mon destin
A mes parens m'arrachèrent enfin.

Tu sais depuis quel fut mon sort funeste :
J'ai tout perdu; mon amour seul me reste :
Le Ciel, ce Ciel qui doit nous désunir,
Me laisse un cœur, et c'est pour me punir.

JASMIN.

S'il est ainsi, si dans votre misère
Vous la r'aimez, n'ayant pas mieux à faire,
De Croupillac le conseil était bon,
De vous fourrer, s'il se peut, chez Rondon.
Le sort maudit épuisa votre bourse ;
L'amour pourrait vous servir de ressource.

EUPHÉMON FILS.

Moi, l'oser voir ! moi, m'offrir à ses yeux,
Après mon crime, en cet état hideux !
Il me faut fuir un père, une maîtresse :
J'ai de tous deux outragé la tendresse ;
Et je ne sais, ô regrets superflus !
Lequel des deux doit me haïr le plus.

SCÈNE VI.

EUPHÉMON FILS, FIERENFAT, JASMIN.

JASMIN.

Voilà, je crois, ce président si sage.

EUPHÉMON FILS.

Lui ? je n'avais jamais vu son visage.
Quoi ! c'est donc lui, mon frère, mon rival ?

FIERENFAT.

En vérité, cela ne va pas mal ;
J'ai tant pressé, tant sermonné mon père,
Que malgré lui nous finissons l'affaire.

(*en voyant Jasmin.*)
Où sont ces gens qui voulaient me servir ?

JASMIN.

C'est nous, Monsieur ; nous venions nous offrir
Très-humblement.

FIERENFAT.

Qui de vous deux sait lire ?

JASMIN.

C'est lui, Monsieur.

FIERENFAT.

Il sait sans doute écrire ?

JASMIN.

Oh! oui, Monsieur, déchiffrer, calculer.

FIERENFAT.

Mais il devrait savoir aussi parler ?

JASMIN.

Il est timide, et sort de maladie.

FIERENFAT.

Il a pourtant la mine assez hardie ;
Il me paraît qu'il sent assez son bien.
Combien veux-tu gagner de gages ?

EUPHÉMON FILS.

Rien.

JASMIN.

Oh! nous avons, Monsieur, l'âme héroïque.

FIERENFAT.

A ce prix-là, viens ; sois mon domestique ;
C'est un marché que je puis accepter ;
Viens, à ma femme il faut te présenter.

EUPHÉMON FILS.

A votre femme ?

FIERENFAT.

Oui, oui, je me marie.

EUPHÉMON FILS.

Quand?

FIERENFAT.

Dès ce soir.

EUPHÉMON FILS.

Ciel!.. Monsieur, je vous
De cet objet vous êtes donc charmé?

FIERENFAT.

Oui.

EUPHÉMON FILS.

Monsieur!

FIERENFAT.

Hem!

EUPHÉMON FILS.

En seriez-vous aimé?

FIERENFAT.

Oui. Vous semblez bien curieux, mon drôle!

EUPHÉMON FILS.

Que je voudrais lui couper la parole,
Et le punir de son trop de bonheur!

FIERENFAT.

Qu'est-ce qu'il dit?

JASMIN.

Il dit que de grand cœur
Il voudrait bien vous ressembler et plaire.

FIERENFAT.

Eh! je le crois : mon homme est téméraire.
Çà, qu'on me suive, et qu'on soit diligent,
Sobre, frugal, soigneux, adroit, prudent,

Respectueux; allons, la Fleur, la Brie,
Venez, faquins.

EUPHÉMON FILS.

Il me prend une envie ;
C'est d'affubler sa face de palais,
A poing fermé, de deux larges soufflets.

JASMIN.

Vous n'êtes pas trop corrigé, mon maître !

EUPHÉMON FILS.

Ah! soyons sage : il est bien temps de l'être.
Le fruit au moins que je dois recueillir
De tant d'erreurs est de savoir souffrir.

FIN DU TROISIÈME ACTE.

ACTE IV.

SCÈNE PREMIÈRE.

Madame CROUPILLAC, EUPHÉMON fils, JASMIN.

MADAME CROUPILLAC.

J'ai, mon très-cher, par prévoyance extrême,
Fait arriver deux huissiers d'Angoulême.
Et toi, t'es-tu servi de ton esprit?
As-tu bien fait tout ce que je t'ai dit?
Pourras-tu bien d'un air de prud'homie
Dans la maison semer la zizanie?
As-tu flatté le bon homme Euphémon?
Parle : as-tu vu la future?

EUPHÉMON FILS.

Hélas! non.

MADAME CROUPILLAC.

Comment?

EUPHÉMON FILS.

Croyez que je meure d'envie
D'être à ses pieds.

MADAME CROUPILLAC.

Allons donc, je t'en prie,
Attaque-la pour me plaire, et rends-moi
Ce traître ingrat qui séduisit ma foi.
Je vais pour toi procéder en justice,
Et tu feras l'amour pour mon service.

Reprends cet air imposant et vainqueur,
Si sûr de soi, si puissant sur un cœur,
Qui triomphait sitôt de la sagesse.
Pour être heureux, reprends ta hardiesse.
EUPHÉMON FILS.
Je l'ai perdue.
MADAME CROUPILLAC.
Eh! quoi! quel embarras!
EUPHÉMON FILS.
J'étais hardi lorsque je n'aimais pas.
JASMIN.
D'autres raisons l'intimident peut-être;
Ce Fierenfat est ma foi notre maître;
Pour ses valets il nous retient tous deux.
MADAME CROUPILLAC.
C'est fort bien fait, vous êtes trop heureux;
De sa maîtresse être le domestique
Est un bonheur, un destin presque unique :
Profitez-en.
JASMIN.
Je vois certains attraits
S'acheminer pour prendre ici le frais;
De chez Rondon, me semble, elle est sortie.
MADAME CROUPILLAC.
Eh! sois donc vite amoureux, je t'en prie :
Voici le temps; ose un peu lui parler.
Quoi! je te vois soupirer et trembler!
Tu l'aimes donc? ah! mon cher, ah! de grâce!
EUPHÉMON FILS.
Si vous saviez, hélas! ce qui se passe
Dans mon esprit interdit et confus,
Ce tremblement ne vous surprendrait plus.

JASMIN, *en voyant Lise.*

L'aimable enfant! comme elle est embellie!

EUPHÉMON FILS.

C'est elle; ô Dieux! je meurs de jalousie,
De désespoir, de remords, et d'amour.

MADAME CROUPILLAC.

Adieu : je vais te servir à mon tour.

EUPHÉMON FILS.

Si vous pouvez, faites que l'on diffère
Ce triste hymen.

MADAME CROUPILLAC.

C'est ce que je vais faire.

EUPHÉMON FILS.

Je tremble, hélas!

JASMIN.

Il faut tâcher du moins
Que vous puissiez lui parler sans témoins.
Retirons-nous.

EUPHÉMON FILS.

Oh! je te suis : j'ignore
Ce que j'ai fait, ce qu'il faut faire encore :
Je n'oserai jamais m'y présenter.

SCÈNE II.

LISE, MARTHE, JASMIN, *dans l'enfoncement, et*
EUPHÉMON FILS, *plus reculé.*

LISE.

J'ai beau me fuir, me chercher, m'éviter,
Rentrer, sortir, goûter la solitude,
Et de mon cœur faire en secret l'étude ;
Plus j'y regarde, hélas! et plus je voi
Que le bonheur n'était pas fait pour moi.

Si quelque chose un moment me console,
C'est Croupillac, c'est cette vieille folle,
A mon hymen mettant empêchement.
Mais ce qui vient redoubler mon tourment,
C'est qu'en effet Fierenfat et mon père
En sont plus vifs à presser ma misère.
Ils ont gagné le bon homme Euphémon.

MARTHE.

En vérité, ce vieillard est trop bon ;
Ce Fierenfat est par trop tyrannique,
Il le gouverne.

LISE.

Il aime un fils unique ;
Je lui pardonne ; accablé du premier,
Au moins sur l'autre il cherche à s'appuyer.

MARTHE.

Mais après tout, malgré ce qu'on publie,
Il n'est pas sûr que l'autre soit sans vie.

LISE.

Hélas ! il faut (quel funeste tourment !)
Le pleurer mort, ou le haïr vivant.

MARTHE.

De son danger cependant la nouvelle
Dans votre cœur mettait quelque étincelle.

LISE.

Ah ! sans l'aimer, on peut plaindre son sort.

MARTHE.

Mais n'être plus aimé, c'est être mort.
Vous allez donc être enfin à son frère ?

LISE.

Ma chère enfant, ce mot me désespère.

Pour Fierenfat tu connais ma froideur;
L'aversion s'est changée en horreur :
C'est un breuvage affreux, plein d'amertume,
Que, dans l'excès du mal qui me consume,
Je me résous de prendre malgré moi,
Et que ma main rejette avec effroi.

JASMIN, *tirant Marthe par sa robe.*

Puis-je en secret, ô gentille merveille!
Vous dire ici quatre mots à l'oreille?

MARTHE, *à Jasmin.*

Très-volontiers.

LISE, *à part.*

O sort! pourquoi faut-il
Que de mes jours tu respectes le fil,
Lorsqu'un ingrat, un amant si coupable,
Rendit ma vie, hélas! si misérable?

MARTHE, *venant à Lise.*

C'est un des gens de votre président;
Il est à lui, dit-il, nouvellement;
Il voudrait bien vous parler.

LISE.

Qu'il attende.

MARTHE, *à Jasmin.*

Mon cher ami, madame vous commande
D'attendre un peu.

LISE.

Quoi! toujours m'excéder!
Et même absent en tous lieux m'obséder!
De mon hymen que je suis déjà lasse!

JASMIN, *à Marthe.*

Ma belle enfant, obtiens-nous cette grâce.

MARTHE, *revenant.*

Absolument il prétend vous parler.

LISE.

Ah! je vois bien qu'il faut nous en aller.

MARTHE.

Ce quelqu'un-là veut vous voir tout à l'heure;
Il faut, dit-il, qu'il vous parle ou qu'il meure.

LISE.

Rentrons donc vite, et courons me cacher.

SCÈNE III.

LISE, MARTHE, EUPHÉMON FILS,
s'appuyant sur JASMIN.

EUPHÉMON FILS.

La voix me manque, et je ne puis marcher;
Mes faibles yeux sont couverts d'un nuage.

JASMIN.

Donnez la main; venons sur son passage.

EUPHÉMON FILS.

Un froid mortel a passé dans mon cœur.
  (*à Lise.*)
Souffrirez-vous?....

LISE, *sans le regarder.*

Que voulez-vous, Monsieur?

EUPHÉMON FILS, *se jetant à genoux.*

Ce que je veux? la mort que je mérite.

LISE.

Que vois-je? ô Ciel?

MARTHE.

Quelle étrange visite!
C'est Euphémon! grand Dieu! qu'il est changé!

EUPHÉMON FILS.

Oui, je le suis, votre cœur est vengé ;
Oui, vous devez en tout me méconnaître ;
Je ne suis plus ce furieux, ce traître,
Si détesté, si craint dans ce séjour,
Qui fit rougir la nature et l'amour.
Jeune, égaré, j'avais tous les caprices ;
De mes amis j'avais pris tous les vices ;
Et le plus grand, qui ne peut s'effacer,
Le plus affreux, fut de vous offenser.
J'ai reconnu, j'en jure par vous-même,
Par la vertu que j'ai fui, mais que j'aime,
J'ai reconnu ma détestable erreur ;
Le vice était étranger dans mon cœur :
Ce cœur n'a plus les taches criminelles
Dont il couvrit ses clartés naturelles ;
Mon feu pour vous, ce feu saint et sacré,
Y reste seul ; il a tout épuré.
C'est cet amour, c'est lui qui me ramène,
Non pour briser votre nouvelle chaîne,
Non pour oser traverser vos destins ;
Un malheureux n'a pas de tels desseins :
Mais quand les maux où mon esprit succombe
Dans mes beaux jours avaient creusé ma tombe,
A peine encore échappé du trépas,
Je suis venu ; l'amour guidait mes pas.
Oui, je vous cherche à mon heure dernière,
Heureux cent fois en quittant la lumière,
Si, destiné pour être votre époux,
Je meurs au moins sans être haï de vous !

LISE.

Je suis à peine en mon sens revenue.
C'est vous, ô Ciel! vous qui cherchez ma vue!
Dans quel état! quel jour!.... Ah! malheureux!
Que vous avez fait de tort à tous deux!

EUPHÉMON FILS.

Oui, je le sais : mes excès, que j'abhorre,
En vous voyant semblent plus grands encore;
Ils sont affreux, et vous les connaissez :
J'en suis puni, mais point encore assez.

LISE.

Est-il bien vrai, malheureux que vous êtes,
Qu'enfin domptant vos fougues indiscrètes,
Dans votre cœur, en effet combattu,
Tant d'infortune ait produit la vertu?

EUPHÉMON FILS.

Qu'importe, hélas! que la vertu m'éclaire?
Ah! j'ai trop tard aperçu sa lumière!
Trop vainement mon cœur en est épris;
De la vertu je perds en vous le prix.

LISE.

Mais répondez, Euphémon, puis-je croire
Que vous ayez gagné cette victoire?
Consultez-vous, ne trompez point mes vœux;
Seriez-vous bien et sage et vertueux?

EUPHÉMON FILS.

Oui, je le suis, car mon cœur vous adore.

LISE.

Vous, Euphémon! vous m'aimeriez encore?

EUPHÉMON FILS.

Si je vous aime? hélas! je n'ai vécu

Que par l'amour, qui seul m'a soutenu.
J'ai tout souffert, tout jusqu'à l'infamie;
Ma main cent fois allait trancher ma vie;
Je respectai les maux qui m'accablaient,
J'aimai mes jours, ils vous appartenaient.
Oui, je vous dois mes sentimens, mon être,
Ces jours nouveaux qui me luiront peut-être;
De ma raison je vous dois le retour,
Si j'en conserve avec autant d'amour.
Ne cachez point à mes yeux pleins de larmes
Ce front serein, brillant de nouveaux charmes :
Regardez-moi, tout changé que je suis;
Voyez l'effet de mes cruels ennuis.
De longs remords, une horrible tristesse,
Sur mon visage ont flétri la jeunesse.
Je fus peut-être autrefois moins affreux;
Mais voyez-moi, c'est tout ce que je veux.

LISE.

Si je vous vois constant et raisonnable,
C'en est assez, je vous vois trop aimable.

EUPHÉMON FILS.

Que dites-vous? juste Ciel, vous pleurez?

LISE, *à Marthe*.

Ah! soutiens-moi, mes sens sont égarés.
Moi, je serais l'épouse de son frère!....
N'avez-vous point vu déjà votre père?

EUPHÉMON FILS.

Mon front rougit; il ne s'est point montré
A ce vieillard que j'ai déshonoré :
Haï de lui, proscrit sans espérance,
J'ose l'aimer, mais je fuis sa présence.

COMÉDIE. 143

LISE.

Eh! quel est donc votre projet enfin?

EUPHÉMON FILS.

Si de mes jours Dieu recule la fin,
Si votre sort vous attache à mon frère,
Je vais chercher le trépas à la guerre;
Changeant de nom aussi bien que d'état,
Avec honneur je servirai soldat.
Peut-être un jour le bonheur de mes armes
Fera ma gloire, et m'obtiendra vos larmes.
Par ce métier l'honneur n'est point blessé;
Rose et Fabert ont ainsi commencé.

LISE.

Ce désespoir est d'une âme bien haute.
Il est d'un cœur au-dessus de sa faute;
Ces sentimens me touchent encor plus
Que vos pleurs même à mes pieds répandus.
Non, Euphémon, si de moi je dispose,
Si je peux fuir l'hymen qu'on me propose,
De votre sort si je puis prendre soin,
Pour le changer vous n'irez pas si loin.

EUPHÉMON FILS.

O Ciel! mes maux ont attendri votre âme!

LISE.

Ils me touchaient : votre remords m'enflamme.

EUPHÉMON FILS.

Quoi! vos beaux yeux, si long-temps courroucés,
Avec amour sur les miens sont baissés!
Vous rallumez ces feux si légitimes,
Ces feux sacrés qu'avaient éteints mes crimes.
Ah! si mon frère, aux trésors attaché,

Garde mon bien à mon père arraché,
S'il engloutit à jamais l'héritage
Dont la nature avait fait mon partage;
Qu'il porte envie à ma félicité :
Je vous suis cher, il est déshérité.
Ah! je mourrai de l'excès de ma joie.

MARTHE.

Ma foi, c'est lui qu'ici le diable envoie.

LISE.

Contraignez donc ces soupirs enflammés;
Dissimulez.

EUPHÉMON FILS.

Pourquoi, si vous m'aimez?

LISE.

Ah! redoutez mes parens, votre père!
Nous ne pouvons cacher à votre frère
Que vous ayez embrassé mes genoux;
Laissez-le au moins ignorer que c'est vous.

MARTHE.

Je ris déjà de sa grave colère.

SCÈNE IV.

LISE, EUPHÉMON FILS, MARTHE, JASMIN, FIERENFAT, *dans le fond, pendant qu'Euphémon lui tourne le dos.*

FIERENFAT.

Ou quelque diable a troublé ma visière,
Ou, si mon œil est toujours clair et net,
Je suis... j'ai vu... je le suis... j'ai mon fait.

(*en avançant vers Euphémon.*)

Ah! c'est donc toi; traître, impudent, faussaire.

COMÉDIE.

EUPHÉMON FILS, *en colère.*

Je...

JASMIN, *se mettant entre eux.*

C'est, Monsieur, une importante affaire
Qui se traitait, et que vous dérangez;
Ce sont deux cœurs en peu de temps changés;
C'est du respect, de la reconnaissance,
De la vertu... Je m'y perds, quand j'y pense.

FIERENFAT.

De la vertu? Quoi! lui baiser la main!
De la vertu? scélérat!

EUPHÉMON FILS.

Ah! Jasmin,
Que, si j'osais...

FIERENFAT.

Non, tout ceci m'assomme :
Si c'eût été du moins un gentilhomme!
Mais un valet, un gueux, contre lequel,
En intentant un procès criminel,
C'est de l'argent que je perdrai peut-être.

LISE, *à Euphémon.*

Contraignez-vous, si vous m'aimez.

FIERENFAT.

Ah! traître!
Je te ferai pendre ici, sur ma foi!
(*à Marthe.*)
Tu ris, coquine?

MARTHE.

Oui, Monsieur.

FIERENFAT.

Et pourquoi?
De quoi ris-tu?

MARTHE.

Mais, Monsieur, de la chose...

FIERENFAT.

Tu ne sais pas à quoi ceci t'expose,
Ma bonne amie, et ce qu'au nom du roi
On fait parfois aux filles comme toi?

MARTHE.

Pardonnez-moi, je le sais à merveilles.

FIERENFAT, *à Lise.*

Et vous semblez vous boucher les oreilles,
Vous, infidèle, avec votre air sucré,
Qui m'avez fait ce tour prématuré;
De votre cœur l'inconstance est précoce,
Un jour d'hymen! une heure avant la noce!
Voilà, ma foi! de votre probité!

LISE.

Calmez, Monsieur, votre esprit irrité :
Il ne faut pas sur la simple apparence
Légèrement condamner l'innocence.

FIERENFAT.

Quelle innocence!

LISE.

Oui, quand vous connaîtrez
Mes sentimens, vous les estimerez.

FIERENFAT.

Plaisant chemin pour avoir de l'estime!

EUPHÉMON FILS.

Oh! c'en est trop.

LISE, *à Euphémon.*

Quel courroux vous anime.
Eh! réprimez...

EUPHÉMON FILS.
Non, je ne puis souffrir
Que d'un reproche il ose vous couvrir.
FIERENFAT.
Savez-vous bien que l'on perd son douaire,
Son bien, sa dot, quand....
EUPHÉMON FILS, *en colère, et mettant la main sur la garde de son épée.*
Savez-vous vous taire?
LISE.
Eh! modérez....
EUPHÉMON FILS.
Monsieur le président,
Prenez un air un peu moins imposant,
Moins fier, moins haut, moins juge; car madame
N'a pas l'honneur d'être encor votre femme;
Elle n'est point votre maîtresse aussi.
Et pourquoi donc gronder de tout ceci?
Vos droits sont nuls : il faut avoir su plaire
Pour obtenir le droit d'être en colère.
De tels appas n'étaient point faits pour vous;
Il vous sied mal d'oser être jaloux.
Madame est bonne, et fait grâce à mon zèle :
Imitez-la, soyez aussi bon qu'elle.
FIERENFAT, *en posture de se battre.*
Je n'y puis plus tenir. A moi, mes gens.
EUPHÉMON FILS.
Comment?
FIERENFAT.
Allez me chercher des sergens.
LISE, *à Euphémon fils.*
Retirez-vous.

FIERENFAT.

Je te ferai connaître
Ce que l'on doit de respect à son maître,
A mon état, à ma robe.

EUPHÉMON FILS.

Observez
Ce qu'à madame ici vous en devez,
Et quant à moi, quoi qu'il puisse en paraître,
C'est vous, Monsieur qui m'en devez peut-être.

FIERENFAT.

Moi.... moi?

EUPHÉMON FILS

Vous.... vous,

FIERENFAT.

Ce drôle est bien osé.
C'est quelque amant en valet déguisé.
Qui donc es-tu? réponds-moi.

EUPHÉMON FILS.

Je l'ignore,
Ma destinée est incertaine encore;
Mon sort, mon rang, mon état, mon bonheur,
Mon être enfin, tout dépend de son cœur,
De ses regards, de sa bonté propice.

FIERENFAT.

Il dépendra bientôt de la justice,
Je t'en réponds; va, va, je cours hâter
Tous mes recors, et vite instrumenter.
Allez, perfide, et craignez ma colère;
J'amenerai vos parens, votre père;
Votre innocence en son jour paraîtra,
Et comme il faut on vous estimera.

SCÈNE V.

LISE, EUPHÉMON fils, MARTHE.

LISE.

Eh cachez-vous, de grâce, rentrons vite !
De tout ceci, je crains pour nous la suite.
Si votre père apprenait que c'est vous,
Rien ne pourrait apaiser son courroux ;
Il penserait qu'une fureur nouvelle
Pour l'insulter en ces lieux vous rappelle,
Que vous venez entre nos deux maisons
Porter le trouble et les divisions ;
Et l'on pourrait, pour ce nouvel esclandre,
Vous enfermer, hélas ! sans vous entendre.

MARTHE.

Laissez-moi donc le soin de le cacher.
Soyez-en sûre, on aura beau chercher.

LISE.

Allez, croyez qu'il est très-nécessaire
Que j'adoucisse en secret votre père.
De la nature il faut que le retour
Soit, s'il se peut, l'ouvrage de l'amour.
Cachez-vous bien....

(à Marthe.)
Prends soin qu'il ne paraisse.

Eh ! va donc vite.

SCÈNE VI.

RONDON, LISE.

RONDON.
Eh bien! ma Lise, qu'est-ce?
Je te cherchais et ton époux aussi.
LISE.
Il ne l'est pas, que je crois, Dieu merci!
RONDON.
Où vas-tu donc?
LISE.
Monsieur, la bienséance
M'oblige encor d'éviter sa présence.
(Elle sort.)
RONDON.
Ce président est donc bien dangereux!
Je voudrais être incognito près d'eux;
Là.... voir un peu quelle plaisante mine
Font deux amans qu'à l'hymen on destine.

SCÈNE VII.

FIERENFAT, RONDON, SERGENS.

FIERENFAT.
Ah! les fripons; ils sont fins et subtils.
Où les trouver? où sont-ils? où sont-ils?
Où cachent-ils ma honte et leur fredaine?
RONDON.
Ta gravité me semble hors d'haleine.
Que prétends-tu? que cherches-tu? qu'as-tu?
Que t'a-t-on fait?

FIERENFAT.
J'ai.... qu'on m'a fait cocu.
RONDON.
Cocu! tudieu! prends garde, arrête, observe.
FIERENFAT.
Oui, oui ma femme. Allez, Dieu me préserve
De lui donner le nom que je lui dois?
Je suis cocu, malgré toutes les lois.
RONDON.
Mon gendre!
FIERENFAT.
Hélas! il est trop vrai, beau-père.
RONDON.
Eh quoi! la chose....
FIERENFAT.
Oh! la chose est fort claire.
RONDON.
Vous me poussez....
FIERENFAT.
C'est moi qu'on pousse à bout.
RONDON.
Si je croyais....
FIERENFAT.
Vous pouvez croire tout.
RONDON.
Mais plus j'entends, moins je comprends mon gendre.
FIERENFAT.
Mon fait pourtant est facile à comprendre.
RONDON.
S'il était vrai, devant tous mes voisins
J'étranglerais ma Lise de mes mains.

FIERENFAT.

Étranglez donc, car la chose est prouvée.

RONDON.

Mais en effet ici je l'ai trouvée;
La voix éteinte et le regard baissé,
Elle avait l'air timide, embarrassé.
Mon gendre, allons, surprenons la pendarde;
Voyons le cas, car l'honneur me poignarde.
Tudieu, l'honneur! Oh! voyez-vous? Rondon,
En fait d'honneur, n'entend jamais raison.

FIN DU QUATRIÈME ACTE.

ACTE V.

SCÈNE PREMIÈRE.

LISE, MARTHE.

LISE.

Ah! je me sauve à peine entre tes bras.
Que de dangers! quel horrible embarras!
Faut-il qu'une âme aussi tendre, aussi pure,
D'un tel soupçon souffre un moment l'injure!
Cher Euphémon, cher et funeste amant,
Es-tu donc né pour faire mon tourment?
A ton départ tu m'arrachas la vie,
Et ton retour m'expose à l'infamie.

(*à Marthe.*)

Prends garde au moins, car on cherche partout.

MARTHE.

J'ai mis, je crois, tous mes chercheurs à bout.
Nous braverons le greffe et l'écritoire;
Certains recoins, chez moi, dans mon armoire,
Pour mon usage en secret pratiqués,
Par ces furets ne sont point remarqués;
Là, votre amant se tapit, se dérobe
Aux yeux hagards des noirs pédans en robe :
Je les ai tous fait courir comme il faut,
Et de ces chiens la meute est en défaut.

SCÈNE II.

LISE, MARTHE, JASMIN.

LISE.

Eh bien! Jasmin, qu'a-t-on fait?

JASMIN.

Avec gloire,
J'ai soutenu mon interrogatoire :
Tel qu'un fripon blanchi dans le métier,
J'ai répondu sans jamais m'effrayer.
L'un vous traînait sa voix de pédagogue,
L'autre braillait d'un ton cas, d'un air rogue,
Tandis qu'un autre avec un ton flûté,
Disait, Mon fils, sachons la vérité :
Moi, toujours ferme, et toujours laconique,
Je rembarrais la troupe scolastique.

LISE.

On ne sait rien?

JASMIN.

Non rien, mais dès demain
On saura tout, car tout se sait enfin.

LISE.

Ah! que du moins Fierenfat en colère
N'ait pas le temps de prévenir son père :
Je tremble encore, et tout accroît ma peur;
Je crains pour lui, je crains pour mon honneur.
Dans mon amour j'ai mis mes espérances;
Il m'aidera....

MARTHE.

Moi, je suis dans des transes

Que tout ceci ne soit cruel pour vous;
Car nous avons deux pères contre nous,
Un président, les bégueules, les prudes.
Si vous saviez quels airs hautains et rudes,
Quel ton sévère, et quel sourcil froncé
De leur vertu le faste rehaussé
Prend contre vous; avec quelle insolence
Leur âcreté poursuit votre innocence :
Leurs cris, leur zèle, et leur sainte fureur,
Vous feraient rire, et vous feraient horreur.

JASMIN.

J'ai voyagé, j'ai vu du tintamarre :
Je n'ai jamais vu semblable bagarre :
Tout le logis est sens dessus dessous.
Ah! que de gens sont sots, méchans, et fous!
On vous abuse, on augmente, on murmure;
En cent façons on conte l'aventure.
Les violons sont déjà renvoyés,
Tout interdits, sans boire, et point payés;
Pour le festin six tables bien dressées
Dans ce tumulte ont été renversées.
Le peuple accourt, le laquais boit et rit,
Et Rondon jure, et Fierenfat écrit.

LISE.

Et d'Euphémon le père respectable,
Que fait-il donc dans ce trouble effroyable?

MARTHE.

Madame, on voit sur son front éperdu
Cette douleur qui sied à la vertu ;
Il lève au Ciel les yeux : il ne peut croire
Que vous ayez d'une tache si noire

Souillé l'honneur de vos jours innocens;
Par des raisons il combat vos parens :
Enfin, surpris des preuves qu'on lui donne,
Il en gémit, et dit que sur personne
Il ne faudra s'assurer désormais,
Si cette tache a flétri vos attraits.

LISE.

Que ce vieillard m'inspire de tendresse!

MARTHE.

Voici Rondon, vieillard d'une autre espèce.
Fuyons, Madame.

LISE.

   Ah! gardons-nous-en bien,
Mon cœur est pur, il ne doit craindre rien.

JASMIN.

Moi, je crains donc.

SCÈNE III.

LISE, MARTHE, RONDON.

RONDON.

   Matoise, mijaurée!
Fille pressée, âme dénaturée!
Ah! Lise, Lise, allons, je veux savoir
Tous les entours de ce procédé noir.
Çà, depuis quand connais-tu le corsaire?
Son nom, son rang? comment t'a-t-il pu plaire?
De ses méfaits je veux savoir le fil.
D'où nous vient-il? en quel endroit est-il?
Réponds, réponds : tu ris de ma colère?
Tu ne meurs pas de honte?

LISE.

Non, mon père.

RONDON.

Encor des *non* ? toujours ce chien de ton;
Et toujours *non*, quand on parle à Rondon!
La négative est pour moi trop suspecte :
Quand on a tort, il faut qu'on me respecte,
Que l'on me craigne, et qu'on sache obéir.

LISE.

Oui, je suis prête à vous tout découvrir.

RONDON.

Ah! c'est parler cela : quand je menace
On est petit....

LISE.

Je ne veux qu'une grâce,
C'est qu'Euphémon daignât auparavant
Seul en ce lieu me parler un moment.

RONDON.

Euphémon ? bon ! eh, que pourra-t-il faire ?
C'est à moi seul qu'il faut parler.

LISE.

Mon père,
J'ai des secrets qu'il faut lui confier;
Pour votre honneur daignez me l'envoyer;
Daignez.... c'est tout ce que je puis vous dire.

RONDON.

A sa demande encor faut-il souscrire ?
A ce bon homme elle veut s'expliquer;
On peut fort bien souffrir, sans rien risquer,
Qu'en confidence elle lui parle seule;
Puis sur-le-champ je cloître ma bégueule.

SCÈNE IV.

LISE, MARTHE.

LISE.

Digne Euphémon, pourrai-je te toucher?
Mon cœur de moi semble se détacher.
J'attends ici mon trépas ou ma vie.
(*à Marthe.*)
Écoute un peu.
(*Elle lui parle à l'oreille.*)

MARTHE.

Vous serez obéie.

SCÈNE V.

EUPHÉMON PÈRE, LISE.

LISE.

Un siége.... Hélas!.... Monsieur, asseyez-vous,
Et permettez que je parle à genoux.
EUPHÉMON, *l'empêchant de se mettre à genoux.*
Vous m'outragez.

LISE.

Non, mon cœur vous révère;
Je vous regarde à jamais comme un père.

EUPHÉMON PÈRE.

Qui, vous ma fille!

LISE.

Oui, j'ose me flatter
Que c'est un nom que j'ai su mériter.

COMÉDIE.

EUPHÉMON PÈRE.

Après l'éclat et la triste aventure
Qui de nos nœuds a causé la rupture!

LISE.

Soyez mon juge et lisez dans mon cœur;
Mon juge enfin sera mon protecteur.
Écoutez-moi; vous allez reconnaître
Mes sentimens, et les vôtres peut-être.

(*Elle prend un siége à côté de lui.*)

Si votre cœur avait été lié,
Par la plus tendre et plus pure amitié,
A quelque objet de qui l'aimable enfance
Donna d'abord la plus belle espérance,
Et qui brilla dans son heureux printemps,
Croissant en grâces, en mérite, en talent;
Si quelque temps sa jeunesse abusée,
Des vains plaisirs suivant la pente aisée,
Au feu de l'âge avait sacrifié
Tous ses devoirs, et même l'amitié....

EUPHÉMON PÈRE.

Eh bien?

LISE.

Monsieur, si son expérience
Eût reconnu la triste jouissance
De ces faux biens, objets de ses transports,
Nés de l'erreur, et suivis des remords;
Honteux enfin de sa folle conduite,
Si sa raison, par le malheur instruite,
De ses vertus rallumant le flambeau,
Le ramenait avec un cœur nouveau;
Ou que plutôt, honnête homme et fidèle,

Il eût repris sa forme naturelle,
Pourriez-vous bien lui fermer aujourd'hui
L'accès d'un cœur qui fut ouvert pour lui?

EUPHÉMON PÈRE.

De ce portrait que voulez-vous conclure?
Et quel rapport a-t-il à mon injure?
Le malheureux qu'à vos pieds on a vu
Est un jeune homme en ces lieux inconnu;
Et cette veuve, ici, dit elle-même
Qu'elle l'a vu six mois dans Angoulême;
Un autre dit que c'est un effronté,
D'amours obscurs follement entêté;
Et j'avoûrai que ce portrait redouble
L'étonnement et l'horreur qui me trouble.

LISE.

Hélas! Monsieur, quand vous aurez appris
Tout ce qu'il est, vous serez plus surpris.
De grâce, un mot; votre âme est noble et belle;
La cruauté n'est pas faite pour elle :
N'est-il pas vrai qu'Euphémon votre fils
Fut long-temps cher à vos yeux attendris?

EUPHÉMON PÈRE.

Oui, je l'avoue, et ses lâches offenses
Ont d'autant mieux mérité mes vengeances :
J'ai plaint sa mort, j'avais plaint ses malheurs;
Mais la nature, au milieu de mes pleurs,
Aurait laissé ma raison saine et pure
De ses excès punir sur lui l'injure.

LISE.

Vous! vous pourriez à jamais le punir,
Sentir toujours le malheur de haïr,

Et repousser encore avec outrage
Ce fils changé, devenu votre image,
Qui de ses pleurs arroserait vos pieds!
Le pourriez-vous?

EUPHÉMON PÈRE.

Hélas! vous oubliez
Qu'il ne faut point par de nouveaux supplices
De ma blessure ouvrir les cicatrices.
Mon fils est mort, ou mon fils, loin d'ici,
Est dans le crime à jamais endurci :
De la vertu s'il eût repris la trace,
Viendrait-il pas me demander sa grâce?

LISE.

La demander! sans doute, il y viendra;
Vous l'entendrez; il vous attendrira.

EUPHÉMON PÈRE.

Que dites-vous?

LISE.

Oui, si la mort trop prompte
N'a pas fini sa douleur et sa honte,
Peut-être ici vous le verrez mourir
A vos genoux d'excès de repentir.

EUPHÉMON PÈRE.

Vous sentez trop quel est mon trouble extrême.
Mon fils vivrait!

LISE.

S'il respire, il vous aime.

EUPHÉMON PÈRE.

Ah! s'il m'aimait! mais quelle vaine erreur!
Comment? de qui l'apprendre?

LISE.

De son cœur.

EUPHÉMON PÈRE.

Mais sauriez-vous?...

LISE.

Sur tout ce qui le touche
La vérité vous parle par ma bouche.

EUPHÉMON PÈRE.

Non, non, c'est trop me tenir en suspens :
Ayez pitié du déclin de mes ans :
J'espère encore, et je suis plein d'alarmes.
J'aimai mon fils, jugez-en par mes larmes.
Ah! s'il vivait, s'il était vertueux!
Expliquez-vous, parlez-moi.

LISE.

Je le veux.
(*Elle fait quelques pas, et s'adresse à Euphémon fils, qui est dans la coulisse.*)
Venez enfin.

SCÈNE VI.

EUPHÉMON PÈRE, EUPHÉMON FILS, LISE.

EUPHÉMON PÈRE.

Que vois-je? ô Ciel!

EUPHÉMON FILS, *aux pieds de son père.*

Mon père,
Connaissez-moi, décidez de mon sort;
J'attends d'un mot ou la vie ou la mort.

EUPHÉMON PÈRE.

Ah! qui t'amène en cette conjoncture?

EUPHÉMON FILS.

Le repentir, l'amour, et la nature.

LISE, *se mettant aussi à genoux.*

A vos genoux vous voyez vos enfans;

Oui, nous avons les mêmes sentimens,
Le même cœur...

EUPHÉMON FILS, *en montrant Lise.*
Hélas! son indulgence
De mes fureurs a pardonné l'offense;
Suivez, suivez pour cet infortuné,
L'exemple heureux que l'amour a donné.
Je n'espérais, dans ma douleur mortelle,
Que d'expirer aimé de vous et d'elle;
Et si je vis, ah! c'est pour mériter
Ces sentimens dont j'ose me flatter.
D'un malheureux vous détournez la vue?
De quels transports votre âme est-elle émue?
Est-ce la haine? et ce fils condamné...

EUPHÉMON PÈRE, *se levant et l'embrassant.*
C'est la tendresse; et tout est pardonné,
Si la vertu règne enfin dans ton âme;
Je suis ton père.

LISE.
Et j'ose être sa femme.
J'étais à lui : permettez qu'à vos pieds
Nos premiers nœuds soient enfin renoués.
Non, ce n'est pas votre bien qu'il demande;
D'un cœur plus pur il vous porte l'offrande,
Il ne veut rien; et s'il est vertueux,
Tout ce que j'ai suffira pour nous deux.

SCÈNE VII.

LES ACTEURS PRÉCÉDENS, RONDON, MADAME CROUPILLAC, FIERENFAT, RECORS, SUITE.

FIERENFAT.

Ah! le voici qui parle encore à Lise.
Prenons notre homme hardiment par suprise;
Montrons un cœur au-dessus du commun.

RONDON.

Soyons hardis, nous sommes six contre un.

LISE, *à Rondon.*

Ouvrez les yeux, et connaissez qui j'aime.

RONDON.

C'est lui.

FIERENFAT.

Qui donc?

LISE.

Votre frère.

EUPHÉMON PÈRE.

Lui-même.

FIERENFAT.

Vous vous moquez; ce fripon, mon frère?

LISE.

Oui.

MADAME CROUPILLAC.

J'en ai le cœur tout-à-fait réjoui.

RONDON.

Quel changement! quoi? c'est donc là mon drôle?

FIERENFAT.

Oh, oh! je joue un fort singulier rôle:
Tudieu, quel frère!

EUPHÉMON PÈRE.
Oui, je l'avais perdu;
Le repentir, le Ciel me l'a rendu.
MADAME CROUPILLAC.
Bien à propos pour moi.
FIERENFAT.
La vilaine âme!
Il ne revient que pour m'ôter ma femme!
EUPHÉMON FILS, *à Fierenfat.*
Il faut enfin que vous me connaissiez;
C'est vous, Monsieur, qui me la ravissiez.
Dans d'autres temps j'avais eu sa tendresse.
L'emportement d'une folle jeunesse
M'ôta ce bien dont on doit être épris,
Et dont j'avais trop mal connu le prix.
J'ai retrouvé, dans ce jour salutaire,
Ma probité, ma maîtresse, mon père,
M'envirez-vous l'inopiné retour
Des droits du sang, et des droits de l'amour?
Gardez mes biens, je vous les abandonne;
Vous les aimez.... moi, j'aime sa personne;
Chacun de nous aura son vrai bonheur,
Vous dans mes biens, moi, Monsieur, dans son cœur.
EUPHÉMON PÈRE.
Non, sa bonté si désintéressée
Ne sera pas si mal récompensée;
Non, Euphémon, ton père ne veut pas
T'offrir, sans bien, sans dot, à ses appas.
RONDON.
Oh! bon cela.
MADAME CROUPILLAC.
Je suis émerveillée,

Tout ébaubie, et toute consolée.
Ce gentilhomme est venu tout exprès,
En vérité, pour venger mes attraits.
  (*à Euphémon fils.*)
Vite, épousez : le Ciel vous favorise,
Car tout exprès pour vous il a fait Lise ;
Et je pourrais, par ce bel accident,
Si l'on voulait, ravoir mon président.

LISE, *à Rondon.*

De tout mon cœur. Et vous, souffrez, mon père,
Souffrez qu'une âme et fidèle et sincère,
Qui ne pouvait se donner qu'une fois,
Soit ramenée à ses premières lois.

RONDON.

Si sa cervelle est enfin moins volage....

LISE.

Oh ! j'en réponds.

RONDON.

S'il t'aime, s'il est sage....

LISE.

N'en doutez pas.

RONDON.

Si surtout Euphémon
D'une ample dot lui fait un large don,
J'en suis d'accord.

FIERENFAT.

Je gagne en cette affaire
Beaucoup, sans doute, en trouvant un mien frère :
Mais cependant je perds en moins de rien
Mes frais de noce, une femme et du bien.

MADAME CROUPILLAC.

Eh ! fi, vilain ! quel cœur sordide et chiche !

Faut-il toujours courtiser la plus riche?
N'ai-je donc pas en contrats, en châteaux,
Assez pour vivre, et plus que tu ne vaux?
Ne suis-je pas en date la première?
N'as-tu pas fait, dans l'ardeur de me plaire,
De longs sermens, tous couchés par écrit,
Des madrigaux, des chansons sans esprit?
Entre les mains j'ai toutes tes promesses :
Nous plaiderons; je montrerai les pièces :
Le parlement doit en semblable cas
Rendre un arrêt contre tous les ingrats.

RONDON.

Ma foi, l'ami, crains sa juste colère;
Épouse-la, crois-moi, pour t'en défaire.

EUPHÉMON PÈRE, *à Madame Croupillac.*

Je suis confus du vif empressement
Dont vous flattez mon fils le président;
Votre procès lui devrait plaire encore;
C'est un dépit dont la cause l'honore :
Mais permettez que mes soins réunis
Soient pour l'objet qui m'a rendu mon fils.
Vous, mes enfans, dans ces momens prospères,
Soyez unis, embrassez-vous en frères.
Vous, mon ami, rendons grâces aux Cieux,
Dont les bontés ont tout fait pour le mieux.
Non, il ne faut, et mon cœur le confesse,
Désespérer jamais de la jeunesse.

FIN DE L'ENFANT PRODIGUE.

MARIAMNE,
TRAGÉDIE.

PERSONNAGES.

HÉRODE, roi de Palestine.
MARIAMNE, femme d'Hérode.
SALOME, sœur d'Hérode.
SOHÊME, prince de la race des Asmonéens.
MAZAEL, \
IDAMAS, / ministres d'Hérode.
NARBAS, ancien officier des rois asmonéens.
AMMON, confident de Sohême.
ÉLISE, confidente de Mariamne.
UN GARDE d'HÉRODE, parlant.
SUITE D'HÉRODE.
SUITE DE SOHÊME.
UNE SUIVANTE DE MARIAMNE, personnage muet.

(La scène est Jérusalem, dans le palais d'Hérode.)

MARIAMNE,
TRAGÉDIE.

ACTE PREMIER.

SCÈNE PREMIÈRE.

SALOME, MAZAEL.

MAZAEL.

Oui, cette autorité qu'Hérode vous confie,
Jusques à son retour est du moins affermie.
J'ai volé vers Azor, et repassé soudain
Des champs de Samarie aux sources du Jourdain :
Madame, il était temps que du moins ma présence
Des Hébreux inquiets confondît l'espérance.
Hérode votre frère, à Rome retenu,
Déjà dans ses états n'était plus reconnu.
Le peuple, pour ses rois toujours plein d'injustices,
Hardi dans ses discours, aveugle en ses caprices,
Publiait hautement qu'à Rome condamné
Hérode à l'esclavage était abandonné ;
Et que la reine, assise au rang de ses ancêtres,
Ferait régner sur nous le sang de nos grands-prêtres.
Je l'avoue à regret, j'ai vu dans tous les lieux
Mariamne adorée, et son nom précieux ;
La Judée aime encore avec idolâtrie
Le sang de ces héros dont elle tient la vie ;

Sa beauté, sa naissance, et surtout ses malheurs,
D'un peuple qui nous hait ont séduit tous les cœurs,
Et leurs vœux indiscrets la nommant souveraine,
Semblaient vous annoncer une chute certaine.
J'ai vu par ces faux bruits tout un peuple ébranlé ;
Mais j'ai parlé, Madame, et ce peuple a tremblé :
Je leur ai peint Hérode avec plus de puissance,
Rentrant dans ses états suivi de la vengeance ;
Son nom seul a partout répandu la terreur,
Et les Juifs en silence ont pleuré leur erreur.

SALOME.

Mazaël, il est vrai qu'Hérode va paraître ;
Et ces peuples et moi nous aurons tous un maître.
Ce pouvoir, dont à peine on me voyait jouir,
N'est qu'une ombre qui passe et va s'évanouir.
Mon frère m'était cher, et son bonheur m'opprime ;
Mariamne triomphe, et je suis sa victime.

MAZAEL.

Ne craignez point un frère.

SALOME.

Eh ! que deviendrons-nous
Quand la reine à ses pieds reverra son époux ?
De mon autorité cette fière rivale,
Auprès d'un roi séduit nous fut toujours fatale ;
Son esprit orgueilleux, qui n'a jamais plié,
Conserve encor pour nous la même inimitié.
Elle nous outragea, je l'ai trop offensée ;
A notre abaissement elle est intéressée.
Eh ! ne craignez-vous plus ces charmes tout-puissans,
Du malheureux Hérode impérieux tyrans ?
Depuis près de cinq ans qu'un fatal hyménée

D'Hérode et de la reine unit la destinée,
L'amour prodigieux dont ce prince est épris
Se nourrit par la haine et croît par le mépris.
Vous avez vu cent fois ce monarque inflexible
Déposer à ses pieds sa majesté terrible,
Et chercher dans ses yeux irrités ou distraits
Quelques regards plus doux qu'il ne trouvait jamais.
Vous l'avez vu frémir, soupirer, et se plaindre ;
La flatter, l'irriter ; la menacer, la craindre ;
Cruel dans son amour, soumis dans ses fureurs ;
Esclave en son palais, héros partout ailleurs.
Que dis-je? en punissant une ingrate famille,
Fumant du sang du père, il adorait la fille :
Le fer encore sanglant, et que vous excitiez,
Était levé sur elle, et tombait à ses pieds.

MAZAEL.

Mais songez que dans Rome, éloigné de sa vue,
Sa chaîne de si loin semble s'être rompue.

SALOME.

Croyez-moi, son retour en resserre les nœuds ;
Et ses trompeurs appas sont toujours dangereux.

MAZAEL.

Oui, mais cette âme altière, à soi-même inhumaine,
Toujours de son époux a recherché la haine :
Elle l'irritera par de nouveaux dédains,
Et vous rendra les traits qui tombent de vos mains.
La paix n'habite point entre deux caractères
Que le Ciel a formés l'un à l'autre contraires.
Hérode en tous les temps sombre, chagrin, jaloux,
Contre son amour même aura besoin de vous.

SALOME.

Mariamne l'emporte, et je suis confondue.

MAZAEL.

Au trône d'Ascalon vous êtes attendue;
Une retraite illustre, une nouvelle cour,
Un hymen préparé par les mains de l'amour,
Vous mettront aisément à l'abri des tempêtes
Qui pourraient dans Solime éclater sur nos têtes.
Sohême est d'Ascalon paisible souverain,
Reconnu, protégé par le peuple romain,
Indépendant d'Hérode, et cher à sa province;
Il sait penser en sage et gouverner en prince :
Je n'aperçois pour vous que des destins meilleurs;
Vous gouvernez Hérode, ou vous régnez ailleurs.

SALOME.

Ah! connais mon malheur et mon ignominie :
Mariamne en tout temps empoisonne ma vie;
Elle m'enlève tout, rang, dignités, crédit;
Et pour elle, en un mot, Sohême me trahit.

MAZAEL.

Lui, qui pour cet hymen attendait votre frère!
Lui, dont l'esprit rigide et la sagesse austère
Parut tant mépriser ces folles passions,
De nos vains courtisans vaines illusions!
Au roi son allié ferait-il cette offense?

SALOME.

Croyez qu'avec la reine il est d'intelligence.

MAZAEL.

Le sang et l'amitié les unissent tous deux;
Mais je n'ai jamais vu...

SALOME.

Vous n'avez pas mes yeux!
Sur mon malheur nouveau je suis trop éclairée :
De ce trompeur hymen la pompe différée,

Les froideurs de Sohême et ses discours glacés,
M'ont expliqué ma honte, et m'ont instruite assez.

MAZAEL.

Vous pensez en effet qu'une femme sévère
Qui pleure encore ici son aïeul et son frère,
Et dont l'esprit hautain, qu'aigrissent ses malheurs,
Se nourrit d'amertume, et vit dans les douleurs,
Recherche imprudemment le funeste avantage
D'enlever un amant qui sous vos lois s'engage !
L'amour est-il connu de son superbe cœur ?

SALOME.

Elle l'inspire, au moins, et c'est là mon malheur.

MAZAEL.

Ne vous trompez-vous point ? cette âme impérieuse,
Par excès de fierté semble être vertueuse :
A vivre sans reproche elle a mis son orgueil.

SALOME.

Cet orgueil si vanté trouve enfin son écueil.
Que m'importe, après tout, que son âme hardie,
De mon parjure amant flatte la perfidie,
Ou, qu'exerçant sur lui son dédaigneux pouvoir,
Elle ait fait mes tourmens sans même le vouloir ?
Qu'elle chérisse ou non le bien qu'elle m'enlève,
Je le perds, il suffit ; sa fierté s'en élève ;
Ma honte fait sa gloire ; elle a dans mes douleurs
Le plaisir insultant de jouir de mes pleurs.
Enfin c'est trop languir dans cette indigne gêne ;
Je veux voir à quel point on mérite ma haine.
Sohême vient : allez, mon sort va s'éclaircir.

SCÈNE II.

SALOME, SOHÊME, AMMON

SALOME.

Approchez; votre cœur n'est point né pour trahir,
Et le mien n'est pas fait pour souffrir qu'on l'abuse.
Le roi revient enfin; vous n'avez plus d'excuse :
Ne consultez ici que vos seuls intérêts,
Et ne me cachez plus vos sentimens secrets.
Parlez : je ne crains point l'aveu d'une inconstance
Dont je mépriserais la vaine et faible offense;
Je ne sais point descendre à des transports jaloux,
Ni rougir d'un affront dont la honte est pour vous.

SOHÊME.

Il faut donc m'expliquer; il faut donc vous apprendre
Ce que votre fierté ne craindra point d'entendre.
J'ai beaucoup, je l'avoue, à me plaindre du roi;
Il a voulu, Madame, étendre jusqu'à moi
Le pouvoir que César lui laisse en Palestine;
En m'accordant sa sœur, il cherchait ma ruine :
Au rang de ses vassaux il osait me compter.
J'ai soutenu mes droits, il n'a pu l'emporter;
J'ai trouvé comme lui des amis près d'Auguste;
Je ne crains point Hérode, et l'empereur est juste :
Mais je ne puis souffrir (je le dis hautement)
L'alliance d'un roi dont je suis mécontent.
D'ailleurs vous connaissez cette cour orageuse;
Sa famille avec lui fut toujours malheureuse;
De tout ce qui l'approche il craint des trahisons :
Son cœur de toutes parts est ouvert aux soupçons;

Au frère de la reine il en coûta la vie;
De plus d'un attentat cette mort fut suivie.
Mariamne a vécu dans ce triste séjour,
Entre la barbarie et les transports d'amour;
Tantôt sous le couteau, tantôt idolâtrée,
Toujours baignant de pleurs une couche abhorrée;
Craignant et son époux et de vils délateurs,
De leurs malheureux rois lâches adulateurs.

SALOME.

Vous parlez beaucoup d'elle.

SOHÊME.

Ignorez-vous, princesse,
Que son sang est le mien, que son sort m'intéresse?

SALOME.

Je ne l'ignore pas.

SOHÊME.

Apprenez encor plus :
J'ai craint long-temps pour elle, et je ne tremble plus.
Hérode chérira le sang qui la fit naître;
Il l'a promis du moins à l'empereur son maître :
Pour moi, loin d'une cour objet de mon courroux,
J'abandonne Solime, et votre frère, et vous;
Je pars. Ne pensez pas qu'une nouvelle chaîne
Me dérobe à la vôtre et loin de vous m'entraîne.
Je renonce à la fois à ce prince, à sa cour,
A tout engagement, et surtout à l'amour.
Épargnez le reproche à mon esprit sincère :
Quand je ne m'en fais point, nul n'a droit de m'en faire.

SALOME.

Non, n'attendez de moi ni courroux ni dépit;
J'en savais beaucoup plus que vous n'en avez dit.

Cette cour, il est vrai, Seigneur, a vu des crimes :
Il en est quelquefois où des cœurs magnanimes
Par le malheur des temps se laissent emporter,
Que la vertu répare, et qu'il faut respecter;
Il en est de plus bas, et de qui la faiblesse
Se pare arrogamment du nom de la sagesse.
Vous m'entendez, peut-être? En vain vous déguisez
Pour qui je suis trahie, et qui vous séduisez.
Votre fausse vertu ne m'a jamais trompée;
De votre changement mon âme est peu frappée.
Mais si de ce palais, qui vous semble odieux,
Les orages passés ont indigné vos yeux,
Craignez d'en exciter qui vous suivraient peut-être
Jusqu'aux faibles états dont vous êtes le maître.
(*Elle sort.*)

SCÈNE III.

SOHÊME, AMMON.

SOHÊME.

Où tendait ce discours? que veut-elle? et pourquoi
Pense-t-elle en mon cœur pénétrer mieux que moi?
Qui? moi, que je soupire! et que, pour Mariamne,
Mon austère amitié ne soit qu'un feu profane!
Aux faiblesses d'amour, moi, j'irais me livrer,
Lorsque de tant d'attraits je cours me séparer!

AMMON.

Salome est outragée, il faut tout craindre d'elle.
La jalousie éclaire, et l'amour se décèle.

SOHÊME.

Non, d'un coupable amour je n'ai point les erreurs;

TRAGÉDIE. 179

La secte dont je suis forme en nous d'autres mœurs:
Ces durs Esséniens, stoïques de Judée,
Ont eu de la morale une plus noble idée.
Nos maîtres, les Romains, vainqueurs des nations,
Commandent à la terre, et nous aux passions.
Je n'ai point, grâce au Ciel, à rougir de moi-même.
Le sang unit de près Mariamne et Sohême;
Je la voyais gémir sous un affreux pouvoir,
J'ai voulu la servir; j'ai rempli mon devoir.

AMMON.

Je connais votre cœur et juste et magnanime;
Il se plaît à venger la vertu qu'on opprime :
Puissiez-vous écouter, dans cette affreuse cour,
Votre noble pitié plutôt que votre amour!

SOHÊME.

Ah! faut-il donc l'aimer pour prendre sa défense?
Qui n'aurait, comme moi, chéri son innocence?
Quel cœur indifférent n'irait à son secours?
Et qui, pour la sauver, n'eût prodigué ses jours?
Ami, mon cœur est pur, et tu connais mon zèle;
Je n'habitais ces lieux que pour veiller sur elle.
Quand Hérode partit incertain de son sort,
Quand il chercha dans Rome ou le sceptre ou la mort,
Plein de sa passion forcenée et jalouse,
Il tremblait qu'après lui sa malheureuse épouse,
Du trône descendue, esclave des Romains,
Ne fût abandonnée à de moins dignes mains.
Il voulut qu'une tombe à tous deux préparée
Enfermât avec lui cette épouse adorée.
Phérore fut chargé du ministère affreux
D'immoler cet objet de ses horribles feux.

Phérore m'instruisit de ces ordres coupables :
J'ai veillé sur des jours si chers, si déplorables,
Toujours armé, toujours prompt à la protéger,
Et surtout à ses yeux dérobant son danger.
J'ai voulu la servir sans lui causer d'alarmes;
Ses malheurs me touchaient encor plus que ses charmes.
L'amour ne règne point sur ce cœur agité;
Il ne m'a point vaincu, c'est moi qui l'ai dompté;
Et, plein du noble feu que sa vertu m'inspire,
J'ai voulu la venger, et non pas la séduire.
Enfin l'heureux Hérode a fléchi les Romains;
Le sceptre de Judée est remis en ses mains;
Il revient triomphant sur ce sanglant théâtre,
Il revole à l'objet dont il est idolâtre,
Qu'il opprima souvent, qu'il adora toujours;
Leurs désastres communs ont terminé leurs cours.
Un nouveau jour va luire à cette cour affreuse :
Je n'ai plus qu'à partir... Mariamne est heureuse.
Je ne la verrai plus... mais à d'autres attraits
Mon cœur, mon triste cœur est fermé pour jamais;
Tout hymen à mes yeux est horrible et funeste :
Qui connaît Mariamne abhorre tout le reste.
La retraite a pour moi des charmes assez grands;
J'y vivrai vertueux, loin des yeux des tyrans,
Préférant mon partage au plus beau diadème,
Maître de ma fortune, et maître de moi-même.

SCÈNE IV.

SOHÊME, ÉLISE, AMMON.

ÉLISE.
La mère de la reine, en proie à ses douleurs,
Vous conjure, Sohême, au nom de tant de pleurs,
De vous rendre près d'elle, et d'y calmer la crainte
Dont pour sa fille encore elle a reçu l'atteinte.
SOHÊME.
Quelle horreur jetez-vous dans mon cœur étonné?
ÉLISE.
Elle a su l'ordre affreux qu'Hérode avait donné;
Par les soins de Salome elle en est informée.
SOHÊME.
Ainsi cette ennemie, au trouble accoutumée,
Par ces troubles nouveaux pense encor maintenir
Le pouvoir emprunté qu'elle veut retenir.
Quelle odieuse cour, et combien d'artifices!
On ne marche en ces lieux que sur des précipices.
Hélas! Alexandra, par des coups inouïs,
Vit périr autrefois son époux et son fils;
Mariamne lui reste, elle tremble pour elle :
La crainte est bien permise à l'amour maternelle.
Elise, je vous suis, je marche sur vos pas...
Grand Dieu qui prenez soin de ces tristes climats,
De Mariamne encore écartez cet orage;
Conservez, protégez votre plus digne ouvrage!

FIN DU PREMIER ACTE.

ACTE II.

SCÈNE PREMIÈRE.

SALOME, MAZAEL.

MAZAEL.

Ce nouveau coup porté, ce terrible mystère
Dont vous faites instruire et la fille et la mère,
Ce secret révélé, cet ordre si cruel,
Est désormais le sceau d'un divorce éternel.
Le roi ne croira point que, pour votre ennemie,
Sa confiance en vous soit en effet trahie;
Il n'aura plus que vous dans ses perplexités
Pour adoucir les traits par vous-même portés.
Vous seule aurez fait naître et le calme et l'orage :
Divisez pour régner; c'est là votre partage.

SALOME.

Que sert la politique où manque le pouvoir?
Tous mes soins m'ont trahi; tout fait mon désespoir.
Le roi m'écrit : il veut, par sa lettre fatale,
Que sa sœur se rabaisse aux pieds de sa rivale.
J'espérais de Sohême un noble et sûr appui :
Hérode était le mien; tout me manque aujourd'hui.
Je vois crouler sous moi le fatal édifice
Que mes mains élevaient avec tant d'artifice;
Je vois qu'il est des temps où tout l'effort humain
Tombe sous la fortune, et se débat en vain;
Où la prudence échoue, où l'art nuit à soi-même;
Et je sens ce pouvoir invincible et suprême,

Qui se joue à son gré, dans nos climats voisins,
De leurs sables mouvans, comme de nos destins.

MAZAEL.

Obéissez au roi, cédez à la tempête;
Sous ses coups passagers il faut courber la tête.
Le temps peut tout changer.

SALOME.

Trop vains soulagemens!
Malheureux qui n'attend son bonheur que du temps!
Sur l'avenir trompeur tu veux que je m'appuie,
Et tu vois cependant les affronts que j'essuie!

MAZAEL.

Sohême part, au moins; votre juste courroux
Ne craint plus Mariamne, et n'en est plus jaloux.

SALOME.

Sa conduite, il est vrai, paraît inconcevable;
Mais m'en trahit-il moins? en est-il moins coupable?
Suis-je moins outragée? ai-je moins d'ennemis,
Et d'envieux secrets, et de lâches amis?
Il faut que je combatte et ma chûte prochaine,
Et cet affront secret, et la publique haine.
Déjà de Mariamne adorant la faveur,
Le peuple à ma disgrâce insulte avec fureur :
Je verrai tout plier sous sa grandeur nouvelle,
Et mes faibles honneurs éclipsés devant elle.
Mais c'est peu que sa gloire irrite mon dépit,
Ma mort va signaler ma chute et son crédit.
Je ne me flatte point; je sais comme en sa place
De tous mes ennemis je confondrais l'audace :
Ce n'est qu'en me perdant qu'elle pourra régner,
Et son juste courroux ne doit point m'épargner.

Cependant, ô contrainte ! ô comble d'infamie !
Il faut donc qu'à ses yeux ma fierté s'humilie !
Je viens avec respect essuyer ses hauteurs,
Et la féliciter sur mes propres malheurs.

MAZAEL.

Elle vient en ces lieux.

SALOME.

Faut-il que je la voie ?

SCÈNE II.

MARIAMNE, ÉLISE, SALOME, MAZAEL, NARBAS.

SALOME.

Je viens auprès de vous partager votre joie :
Rome me rend un frère, et vous rend un époux
Couronné, tout-puissant, et digne enfin de vous.
Ses triomphes passés, ceux qu'il prépare encore,
Ce titre heureux de Grand dont l'univers l'honore,
Les droits du sénat même, à ses soins confiés,
Sont autant de présens qu'il va mettre à vos pieds.
Possédez désormais son âme et son empire,
C'est ce qu'à vos vertus mon amitié désire ;
Et je vais par mes soins serrer l'heureux lien
Qui doit joindre à jamais votre cœur et le sien.

MARIAMNE.

Je ne prétends de vous ni n'attends ce service :
Je vous connais, Madame, et je vous rends justice ;
Je sais par quels complots, je sais par quels détours
Votre haine impuissante a poursuivi mes jours.
Jugeant de moi par vous, vous me craignez peut-être

Mais vous deviez du moins apprendre à me connaître.
Ne me redoutez point; je sais également
Dédaigner votre crime et votre châtiment :
J'ai vu tous vos desseins, et je vous les pardonne;
C'est à vos seuls remords que je vous abandonne,
Si toutefois, après de si lâches efforts,
Un cœur comme le vôtre écoute des remords.

SALOME.

C'est porter un peu loin votre injuste colère :
Ma conduite, mes soins, et l'aveu de mon frère,
Peut-être suffiront pour me justifier.

MARIAMNE.

Je vous l'ai déjà dit, je veux tout oublier :
Dans l'état où je suis c'est assez pour ma gloire;
Je puis vous pardonner, mais je ne puis vous croire.

MAZAEL.

J'ose ici, grande reine, attester l'Éternel
Que mes soins à regret....

MARIAMNE.

Arrêtez, Mazaël;
Vos excuses pour moi sont un nouvel outrage :
Obéissez au roi, voilà votre partage :
A mes tyrans vendu, servez bien leur courroux;
Je ne m'abaisse pas à me plaindre de vous.

(*à Salome.*)

Je ne vous retiens point, et vous pouvez, Madame,
Aller apprendre au roi les secrets de mon âme;
Dans son cœur aisément vous pouvez ranimer
Un courroux que mes yeux dédaignent de calmer.
De tous vos délateurs armez la calomnie :
J'ai laissé jusqu'ici leur audace impunie,

Et je n'oppose encore à mes vils ennemis
Qu'une vertu sans tache et qu'un juste mépris.

SALOME.

Ah! c'en est trop enfin; vous auriez dû peut-être
Ménager un peu plus la sœur de votre maître.
L'orgueil de vos attraits pense tout asservir :
Vous me voyez tout perdre, et croyez tout ravir;
Votre victoire un jour peut vous être fatale.
Vous triomphez.... Tremblez, imprudente rivale.

SCÈNE III.

MARIAMNE, ÉLISE, NARBAS.

ÉLISE.

Ah! Madame, à ce point pouvez-vous irriter
Des ennemis ardens à vous persécuter?
La vengeance d'Hérode, un moment suspendue,
Sur votre tête encore est peut-être étendue;
Et, loin d'en détourner les redoutables coups,
Vous appelez la mort qui s'éloignait de vous.
Vous n'avez plus ici de bras qui vous appuie;
Ce défenseur heureux de votre illustre vie,
Sohême, dont le nom si craint, si respecté,
Long-temps de vos tyrans contint la cruauté,
Sohême va partir; nul espoir ne vous reste.
Auguste à votre époux laisse un pouvoir funeste :
Qui sait dans quels desseins il revient aujourd'hui?
Tout, jusqu'à son amour, est à craindre de lui :
Vous le voyez trop bien; sa sombre jalousie
Au delà du tombeau portait sa frénésie;
Cet ordre qu'il donna me fait encor trembler.

Avec vos ennemis daignez dissimuler :
La vertu sans prudence, hélas ! est dangereuse.

MARIAMNE.

Oui, mon âme, il est vrai, fut trop impérieuse ;
Je n'ai point connu l'art, et j'en avais besoin.
De mon sort à Sohême abandonnons le soin ;
Qu'il vienne, je l'attends ; qu'il règle ma conduite.
Mon projet est hardi ; je frémis de la suite.
Faites venir Sohême. (*Elise sort.*)

SCÈNE IV.

MARIAMNE, NARBAS.

MARIAMNE.

Et vous, mon cher Narbas,
De mes vœux incertains apaisez les combats :
Vos vertus, votre zèle, et votre expérience,
Ont acquis dès long-temps toute ma confiance.
Mon cœur vous est connu, vous savez mes desseins,
Et les maux que j'éprouve, et les maux que je crains.
Vous avez vu ma mère, au désespoir réduite,
Me presser en pleurant d'accompagner sa fuite ;
Son esprit, accablé d'une juste terreur,
Croit à tous les momens voir Hérode en fureur,
Encor tout dégouttant du sang de sa famille,
Venir à ses yeux même assassiner sa fille.
Elle veut à mes fils, menacés du tombeau,
Donner César pour père, et Rome pour berceau.
On dit que l'infortune à Rome est protégée ;
Rome est le tribunal où la terre est jugée.
Je vais me présenter aux rois des souverains.

Je sais qu'il est permis de fuir ses assassins,
Que c'est le seul parti que le destin me laisse :
Toutefois en secret, soit vertu, soit faiblesse,
Prête à fuir un époux, mon cœur frémit d'effroi,
Et mes pas chancelans s'arrêtent malgré moi.

NARBAS.

Cet effroi généreux n'a rien que je n'admire ;
Tout injuste qu'il est, la vertu vous l'inspire.
Ce cœur, indépendant des outrages du sort,
Craint l'ombre d'une faute, et ne craint point la mort.
Bannissez toutefois ces alarmes secrètes ;
Ouvrez les yeux, Madame, et voyez où vous êtes :
C'est là que, répandu par les mains d'un époux,
Le sang de votre père a rejailli sur vous :
Votre frère en ces lieux a vu trancher sa vie ;
En vain de son trépas le roi se justifie,
En vain César trompé l'en absout aujourd'hui ;
L'Orient révolté n'en accuse que lui.
Regardez, consultez les pleurs de votre mère,
L'affront fait à vos fils, le sang de votre père,
La cruauté du roi, la haine de sa sœur,
Et (ce que je ne puis prononcer sans horreur,
Mais dont votre vertu n'est point épouvantée)
La mort plus d'une fois à vos yeux présentée.

Enfin, si tant de maux ne vous étonnent pas,
Si d'un front assuré vous marchez au trépas,
Du moins de vos enfans embrassez la défense.
Le roi leur a du trône arraché l'espérance ;
Et vous connaissez trop ces oracles affreux
Qui depuis si long-temps vous font trembler pour eux.
Le Ciel vous a prédit qu'une main étrangère

Devait un jour unir vos fils à votre père.
Un Arabe implacable a déjà sans pitié
De cet oracle obscur accompli la moitié :
Madame, après l'horreur d'un essai si funeste,
Sa cruauté sans doute accomplirait le reste ;
Dans ses emportemens rien n'est sacré pour lui.
Eh ! qui vous répondra que lui même aujourd'hui
Ne vienne exécuter sa sanglante menace,
Et des Asmonéens anéantir la race ?
Il est temps désormais de prévenir ses coups ;
Il est temps d'épargner un meurtre à votre époux,
Et d'éloigner du moins de ces tendres victimes
Le fer de vos tyrans, et l'exemple des crimes.

Nourri dans ce palais, près des rois vos aïeux,
Je suis prêt à vous suivre en tout temps, en tous lieux.
Partez, rompez vos fers ; allez, dans Rome même,
Implorer du sénat la justice suprême,
Remettre de vos fils la fortune en sa main,
Et les faire adopter par le peuple romain ;
Qu'une vertu si pure aille étonner Auguste.
Si l'on vante à bon droit son règne heureux et juste,
Si la terre avec joie embrasse ses genoux,
S'il mérite sa gloire, il fera tout pour vous.

MARIAMNE.

Je vois qu'il n'est plus temps que mon cœur délibère ;
Je cède à vos conseils, aux larmes de ma mère,
Au danger de mes fils, au sort, dont les rigueurs
Vont m'entraîner peut-être en de plus grands malheurs.
Retournez chez ma mère, allez ; quand la nuit sombre
Dans ces lieux criminels aura porté son ombre,
Qu'au fond de ce palais on me vienne avertir :
On le veut, il le faut, je suis prête à partir.

SCÈNE V.

MARIAMNE, SOHÊME, ÉLISE.

SOHÊME.

Je viens m'offrir, Madame, à votre ordre suprême;
Vos volontés pour moi sont les lois du Ciel même :
Faut-il armer mon bras contre vos ennemis?
Commandez, j'entreprends; parlez, et j'obéis.

MARIAMNE.

Je vous dois tout, seigneur; et, dans mon infortune,
Ma douleur ne craint point de vous être importune,
Ni de solliciter par d'inutiles vœux
Les secours d'un héros, l'appui des malheureux.

Lorsqu'Hérode attendait le trône où l'esclavage,
Moi-même des Romains j'ai brigué le suffrage;
Malgré ses cruautés, malgré mon désespoir.
Malgré mes intérêts, j'ai suivi mon devoir.
J'ai servi mon époux; je le ferais encore.
Il faut que pour moi-même enfin je vous implore;
Il faut que je dérobe à d'inhumaines lois
Les restes malheureux du pur sang de nos rois.
J'aurais dû dès long-temps, loin d'un lieu si coupable,
Demander au sénat un asile honorable :
Mais, seigneur, je n'ai pu, dans les troubles divers
Dont la guerre civile a rempli l'univers,
Chercher parmi l'effroi, la guerre et les ravages,
Un port aux mêmes lieux d'où partaient les orages.
Auguste au monde entier donne aujourd'hui la paix;
Sur toute la nature il répand ses bienfaits.
Après les longs travaux d'une guerre odieuse,
Ayant vaincu la terre, il veut la rendre heureuse.

Du haut du Capitole il juge tous les rois,
Et de ceux qu'on opprime il prend en main les droits.
Qui peut à ses bontés plus justement prétendre
Que mes faibles enfans, que rien ne peut défendre,
Et qu'une mère en pleurs amène auprès de lui
Du bout de l'univers implorer son appui?
Pour conserver le fils, pour consoler la mère,
Pour finir tous mes maux, c'est en vous que j'espère :
Je m'adresse à vous seul, à vous, à ce grand cœur,
De la simple vertu généreux protecteur;
A vous à qui je dois ce jour que je respire :
Seigneur, éloignez-moi de ce fatal empire.
Ma mère, mes enfans, je mets tout en vos mains;
Enlevez l'innocence au fer des assassins.
Vous ne répondez rien! que faut-il que je pense
De ces sombres regards et de ce long silence?
Je vois que mes malheurs excitent vos refus.

SOHÊME.

Non.... je respecte trop vos ordres absolus.
Mes gardes vous suivront jusque dans l'Italie;
Disposez d'eux, de moi, de mon cœur, de ma vie :
Fuyez le roi, rompez vos nœuds infortunés;
Il est assez puni, si vous l'abandonnez.
Il ne vous verra plus, grâce à son injustice;
Et je sens qu'il n'est point de si cruel supplice....
Pardonnez-moi ce mot, il m'échappe à regret;
La douleur de vous perdre a trahi mon secret.
J'ai parlé, c'en est fait; mais, malgré ma faiblesse,
Songez que mon respect égale ma tendresse.
Sohême en vous aimant ne veut que vous servir,
Adorer vos vertus, vous venger, et mourir.

MARIAMNE.

Je me flattais, seigneur, et j'avais lieu de croire
Qu'avec mes intérêts vous chérissiez ma gloire.
Quand Sohême en ces lieux a veillé sur mes jours,
J'ai cru qu'à sa pitié je devais son secours.
Je ne m'attendais pas qu'une flamme coupable
Dût ajouter ce comble à l'horreur qui m'accable,
Ni que dans mes périls il me fallût jamais
Rougir de vos bontés et craindre vos bienfaits.
Ne pensez pas pourtant qu'un discours qui m'offense
Vous ait rien dérobé de ma reconnaissance :
Tout espoir m'est ravi, je ne vous verrai plus;
J'oublirai votre flamme, et non pas vos vertus.
Je ne veux voir en vous qu'un héros magnanime
Qui jusqu'à ce moment mérita mon estime :
Un plus long entretien pourrait vous en priver,
Seigneur, et je vous fuis pour vous la conserver.

SOHÊME.

Arrêtez, et sachez que je l'ai méritée.
Quand votre gloire parle, elle est seule écoutée :
A cette gloire, à vous, soigneux de m'immoler,
Épris de vos vertus, je les sais égaler.
Je ne fuyais que vous, je veux vous fuir encore.
Je quittais pour jamais une cour que j'abhorre;
J'y reste, s'il le faut, pour vous désabuser,
Pour vous respecter plus, pour ne plus m'exposer
Au reproche accablant que m'a fait votre bouche.
Votre intérêt, Madame, est le seul qui me touche;
J'y sacrifirai tout. Mes amis, mes soldats,
Vous conduiront aux bords où s'adressent vos pas.
J'ai dans ces murs encore un reste de puissance :

D'un tyran soupçonneux je crains peu la vengeance ;
Et s'il me faut périr des mains de votre époux,
Je périrai du moins en combattant pour vous.
Dans mes derniers momens je vous aurai servie,
Et j'aurai préféré votre honneur à ma vie.

MARIAMNE.

Il suffit, je vous crois : d'indignes passions
Ne doivent point souiller les nobles actions.
Oui, je vous devrai tout; mais moi je vous expose :
Vous courez à la mort, et j'en serai la cause.
Comment puis-je vous suivre, et comment demeurer ?
Je n'ai de sentiment que pour vous admirer.

SOHÊME.

Venez prendre conseil de votre mère en larmes,
De votre fermeté plus que de ses alarmes,
Du péril qui vous presse, et non de mon danger.
Avec votre tyran rien n'est à ménager :
Il est roi, je le sais; mais César est son juge.
Tout vous menace ici, Rome est votre refuge ;
Mais songez que Sohême, en vous offrant ses vœux,
S'il ose être sensible, en est plus vertueux ;
Que le sang de nos rois nous unit l'un et l'autre,
Et que le Ciel m'a fait un cœur digne du vôtre.

MARIAMNE.

Je n'en veux point douter; et, dans mon désespoir,
Je vais consulter Dieu, l'honneur et le devoir.

SOHÊME.

C'est eux que j'en atteste; ils sont tous trois mes guides;
Ils vous arracheront aux mains des parricides.

FIN DU SECOND ACTE.

5. — Chefs-d'œuvre de Volt.

ACTE III.

SCÈNE PREMIÈRE.

SOHÈME, NARBAS, AMMON, SUITE.

NARBAS.

Le temps est précieux, seigneur, Hérode arrive :
Du fleuve de Judée il a revu la rive.
Salome, qui ménage un reste de crédit,
Déjà par ses conseils assiége son esprit.
Ses courtisans en foule auprès de lui se rendent,
Les palmes dans les mains, nos pontifes l'attendent;
Idamas le devance, et vous le connaissez.

SOHÈME.

Je sais qu'on paya mal ses services passés.
C'est ce même Idamas, cet Hébreu plein de zèle,
Qui toujours à la reine est demeuré fidèle,
Qui, sage courtisan d'un roi plein de fureur,
A quelquefois d'Hérode adouci la rigueur.

NARBAS.

Bientôt vous l'entendrez. Cependant Mariamne
Au moment de partir s'arrête, se condamne;
Ce grand projet l'étonne, et prête à le tenter,
Son austère vertu craint de l'exécuter.
Sa mère est à ses pieds, et, le cœur plein d'alarmes,
Lui présente ses fils, la baigne de ses larmes,
La conjure en tremblant de hâter son départ.
La reine, flotte, hésite, et partira trop tard.
C'est vous dont la bonté peut hâter sa sortie;

Vous avez dans vos mains la fortune et la vie
De l'objet le plus rare et le plus précieux
Que jamais à la terre aient accordé les cieux.
Protégez, conservez une auguste famille ;
Sauvez de tant de rois la déplorable fille.
Vos gardes sont-ils prêts? puis-je enfin l'avertir?
SOHÊME.
Oui, j'ai tout ordonné ; la reine peut partir.
NARBAS.
Souffrez donc qu'à l'instant un serviteur fidèle
Se prépare, seigneur, à marcher après elle.
SOHÊME.
Allez ; loin de ces lieux je conduirai vos pas :
Ce séjour odieux ne la méritait pas.
Qu'un dépôt si sacré soit respecté des ondes ?
Que le Ciel, attendri par ses douleurs profondes,
Fasse lever sur elle un soleil plus serein.
Et vous, vieillard heureux, qui suivez son destin,
Des serviteurs des rois sage et parfait modèle,
Votre sort est trop beau, vous vivrez auprès d'elle.

SCÈNE II.

SOHÊME, AMMON, SUITE DE SOHÊME.

SOHÊME.

Mais déjà le roi vient ; déjà dans ce séjour
Le son de la trompette annonce son retour.
Quel retour, justes dieux ! que je crains sa présence !
Le cruel peut d'un coup assurer sa vengeance.
Plût au Ciel que la reine eût déjà pour jamais
Abandonné ces lieux consacrés aux forfaits !

Oserai-je moi-même accompagner sa fuite?
Peut-être en la servant il faut que je l'évite.
Est-ce un crime, après tout, de sauver tant d'appas;
De venger sa vertu?... Mais je vois Idamas.

SCÈNE III.

SOHÊME, IDAMAS, AMMON, suite.

SOHÊME.

Ami, j'épargne au roi de frivoles hommages,
De l'amitié des grands importuns témoignages,
D'un peuple curieux trompeur amusement,
Qu'on étale avec pompe, et que le cœur dément.
Mais parlez; Rome enfin vient de vous rendre un maître :
Hérode est souverain; est-il digne de l'être?
Vient-il dans un esprit de fureur ou de paix?
Craint-on des cruautés? attend-on des bienfaits?

IDAMAS.

Veuille le juste Ciel, formidable au parjure,
Écarter loin de lui l'erreur et l'imposture!
Salome et Mazaël s'empressent d'écarter
Quiconque a le cœur juste et ne sait point flatter.
Ils révèlent, dit-on, des secrets redoutables :
Hérode en a pâli; des cris épouvantables
Sont sortis de sa bouche, et ses yeux en fureur
A tout ce qui l'entoure inspirent la terreur.
Vous le savez assez, leur cabale attentive
Tint toujours près de lui la vérité captive.
Ainsi ce conquérant qui fit trembler les rois,
Ce roi dont Rome même admira les exploits,
De qui la renommée alarme encore l'Asie,

Dans sa propre maison voit sa gloire avilie :
Haï de son épouse, abusé par sa sœur,
Déchiré de soupçons, accablé de douleur,
J'ignore en ce moment le dessein qui l'entraîne.
On le plaint, on murmure, on craint tout pour la reine;.
On ne peut pénétrer ses secrets sentimens,
Et de son cœur troublé les soudains mouvemens.
Il observe avec nous un silence farouche ;
Le nom de Mariamne échappe de sa bouche ;
Il menace, il soupire, il donne en frémissant
Quelques ordres secrets qu'il révoque à l'instant.
D'un sang qu'il détestait Mariamne est formée ;
Il voulut la punir de l'avoir trop aimée :
Je tremble encor pour elle.

SOHÊME.
Il suffit, Idamas.
La reine est en danger : Ammon, suivez mes pas;
Venez, c'est à moi seul de sauver l'innocence.

IDAMAS.
Seigneur, ainsi du roi vous fuirez la présence ?
Vous de qui la vertu, le rang, l'autorité,
Imposeraient silence à la perversité ?

SOHÊME.
Un intérêt plus grand, un autre soin m'anime ;
Et mon premier devoir est d'empêcher le crime.
(*Il sort.*)

IDAMAS.
Quels orages nouveaux ! quel trouble je prévoi !
Puissant dieu des Hébreux, changez le cœur du roi !

SCÈNE VI.

HÉRODE, MAZAEL, IDAMAS, suite d'Hérode.

HÉRODE.

Eh quoi! Sohême aussi semble éviter ma vue!
Quelle horreur devant moi s'est partout répandue!
Ciel! ne puis-je inspirer que la haine ou l'effroi?
Tous les cœurs des humains sont-ils fermés pour moi?
En horreur à la reine, à mon peuple, à moi-même,
A regret sur mon front je vois le diadème :
Hérode en arrivant recueille avec terreur
Les chagrins dévorans qu'a semés sa fureur.
Ah Dieu!

MAZAEL.

Daignez calmer ces injustes alarmes.

HÉRODE.

Malheureux! qu'ai-je fait?

MAZAEL.

Quoi! vous versez des larmes!
Vous ce roi fortuné, si sage en ses desseins!
Vous la terreur du Parthe et l'ami des Romains!
Songez, Seigneur, songez à ces noms pleins de gloire
Que vous donnaient jadis Antoine et la victoire;
Songez que près d'Auguste, appelé par son choix,
Vous marchiez distingué de la foule des rois;
Revoyez à vos lois Jérusalem rendue,
Jadis par vous conquise et par vous défendue,
Reprenant aujourd'hui sa première splendeur
En contemplant son prince au faîte du bonheur.
Jamais roi plus heureux dans la paix, dans la guerre...

HÉRODE.

Non, il n'est plus pour moi de bonheur sur la terre.
Le destin m'a frappé de ses plus rudes coups,
Et, pour comble d'horreur, je les mérite tous.

IDAMAS.

Seigneur, m'est-il permis de parler sans contrainte?
Ce trône auguste et saint, qu'environne la crainte,
Serait mieux affermi s'il l'était par l'amour.
En faisant des heureux, un roi l'est à son tour.
A d'éternels chagrins votre âme abandonnée
Pourrait tarir d'un mot leur source empoisonnée.
Seigneur, ne souffrez plus que d'indignes discours
Osent troubler la paix et l'honneur de vos jours,
Ni que de vils flatteurs écartent de leur maître
Des cœurs infortunés, qui vous cherchaient peut-être.
Bientôt de vos vertus tout Israël charmé....

HÉRODE.

Eh! croyez-vous encor que je puisse être aimé?
Qu'Hérode est aujourd'hui différent de lui-même!

MAZAEL.

Tout adore à l'envi votre grandeur suprême.

IDAMAS.

Un seul cœur vous résiste, et l'on peut le gagner.

HÉRODE.

Non : je suis un barbare, indigne de régner.

IDAMAS.

Votre douleur est juste ; et si pour Mariamne....

HÉRODE.

Et c'est ce nom fatal, hélas! qui me condamne ;
C'est ce nom qui reproche à mon cœur agité
L'excès de ma faiblesse et de ma cruauté.

MAZAEL.

Elle sera toujours inflexible en sa haine :
Elle fuit votre vue.

HÉRODE.

Ah! j'ai cherché la sienne.

MAZAEL.

Qui? vous, Seigneur?

HÉRODE.

Eh quoi mes transports furieux.
Ces pleurs que mes remords arrachent de mes yeux,
Ce changement soudain, cette douleur mortelle,
Tout ne te dit-il pas que je viens d'auprès d'elle?
Toujours troublé, toujours plein de haine et d'amour,
J'ai trompé, pour la voir, une importune cour.
Quelle entrevue, ô cieux! quels combats! quel supplice!
Dans ses yeux indignés j'ai lu mon injustice;
Ses regards inquiets n'osaient tomber sur moi;
Et tout, jusqu'à mes pleurs, augmentait son effroi.

MAZAEL.

Seigneur, vous le voyez, sa haine envenimée
Jamais par vos bontés ne sera désarmée;
Vos respects dangereux nourrissent sa fierté.

HÉRODE.

Elle me hait! ah Dieu! je l'ai trop mérité!
Je lui pardonne, hélas! dans le sort qui l'accable,
De haïr à ce point un époux si coupable.

MAZAEL.

Vous coupable? Eh, Seigneur, pouvez-vous oublier
Ce que la reine a fait pour vous justifier?
Ses mépris outrageans, sa superbe colère,
Ses desseins contre vous, les complots de son père?

Le sang qui la forma fut un sang ennemi ;
Le dangereux Hircan vous eût toujours trahi :
Et des Asmonéens la brigue était si forte,
Que sans un coup d'état vous n'auriez pu...

HÉRODE.

N'importe ;
Hircan était son père, il fallait l'épargner ;
Mais je n'écoutai rien que la soif de régner ;
Ma politique affreuse a perdu sa famille ;
J'ai fait périr le père, et j'ai proscrit la fille ;
J'ai voulu la haïr ; j'ai trop su l'opprimer :
Le Ciel, pour m'en punir, me condamne à l'aimer.

IDAMAS.

Seigneur, daignez m'en croire ; une juste tendresse
Devient une vertu, loin d'être une faiblesse :
Digne de tant de biens que le Ciel vous a faits,
Mettez votre amour même au rang de ses bienfaits.

HÉRODE.

Hircan, mânes sacrés ! Fureurs que je déteste !

IDAMAS.

Perdez-en pour jamais le souvenir funeste.

MAZAEL.

Puisse la reine aussi l'oublier comme vous !

HÉRODE.

O père infortuné ! plus malheureux époux
Tant d'horreur, tant de sang, le meurtre de son père,
Les maux que je lui fais me la rendent plus chère.
Si son cœur.... si sa foi.... mais c'est trop différer.
Idamas, en un mot, je veux tout réparer.
Va la trouver ; dis-lui que mon âme asservie
Met à ses pieds mon trône, et ma gloire, et ma vie.

Je veux dans ses enfans choisir un successeur.
Des maux qu'elle a soufferts elle accuse ma sœur;
C'en est assez; ma sœur, aujourd'hui renvoyée,
A ce cher intérêt sera sacrifiée.
Je laisse à Mariamne un pouvoir absolu.

MAZAEL.

Quoi! Seigneur, vous voulez...

HÉRODE.

Oui, je l'ai résolu;
Oui, mon cœur désormais la voit, la considère
Comme un présent des cieux qu'il faut que je révère.
Que ne peut point sur moi l'amour qui m'a vaincu;
A Mariamne enfin je devrai ma vertu.
Il le faut avouer, on m'a vu dans l'Asie
Régner avec éclat, mais avec barbarie.
Craint, respecté du peuple, admiré, mais haï;
J'ai des adorateurs, et n'ai pas un ami.
Ma sœur, que trop long-temps mon cœur a daigné croire
Ma sœur n'aima jamais ma véritable gloire;
Plus cruelle que moi dans ses sanglans projets,
Sa main faisait couler le sang de mes sujets,
Les accablait du poids de mon sceptre terrible
Tandis qu'à leurs douleurs Mariamne sensible,
S'occupant de leur peine, et s'oubliant pour eux,
Portait à son époux les pleurs des malheureux.
C'en est fait : je prétends, plus juste et moins sévère,
Par le bonheur public essayer de lui plaire.
L'état va respirer sous un règne plus doux;
Mariamne a changé le cœur de son époux.
Mes mains, loin de mon trône écartant les alarmes,
Des peuples opprimés vont essuyer les larmes,

Je veux sur mes sujets régner en citoyen,
Et gagner tous les cœurs, pour mériter le sien.
Va la trouver, te disje, et sur tout à sa vue
Peins bien le repentir de mon âme éperdue :
Dis-lui que mes remords égalent ma fureur.
Va, cours, vole, et reviens. Que vois-je? c'est ma sœur.
(*à Mazaël.*)
Sortez... A quels chagrins ma vie est condamnée!

SCÈNE V.

HÉRODE, SALOME.

SALOME.

Je les partage tous; mais je suis étonnée
Que la reine et Sohême, évitant votre aspect,
Montrent si peu de zèle et si peu de respect.

HÉRODE.

L'un m'offense, il est vrai... mais l'autre est excusable.
N'en parlons plus.

SALOME.

Sohême, à vos yeux condamnable,
A toujours de la reine allumé le courroux..

HÉRODE.

Ah! trop d'horreurs enfin se répandent sur nous;
Je cherche à les finir. Ma rigueur implacable,
En me rendant plus craint, m'a fait plus misérable.
Assez et trop long-temps sur ma triste maison
La vengeance et la haine ont versé leur poison;
De la reine et de vous les discordes cruelles
Seraient de mes tourmens les sources éternelles.
Ma sœur, pour mon repos, pour vous, pour toutes deux,

Séparons-nous, quittez ce palais malheureux ;
Il le faut.

SALOME.

Ciel ! qu'entends-je ? Ah ! fatale ennemie !

HÉRODE.

Un roi vous le commande, un frère vous en prie.
Que puisse désormais ce frère malheureux
N'avoir point à donner d'ordres plus rigoureux,
N'avoir plus sur les siens de vengeances à prendre,
De soupçons à former, ni de sang à répandre !
Ne persécutez plus mes jours trop agités.
Murmurez, plaignez-vous, plaignez-moi ; mais partez.

SALOME.

Moi, Seigneur, je n'ai point de plaintes à vous faire,
Vous croyez mon exil et juste et nécessaire ;
A vos moindres désirs instruite à consentir,
Lorsque vous commandez je ne sais qu'obéir.
Vous ne me verrez point, sensible à mon injure,
Attester devant vous le sang et la nature ;
Sa voix trop rarement se fait entendre aux rois,
Et, près des passions, le sang n'a point de droits.
Je ne vous vante plus cette amitié sincère,
Dont le zèle aujourd'hui commence à vous déplaire ;
Je rappelle encore moins mes services passés ;
Je vois trop qu'un regard les a tous effacés :
Mais avez-vous pensé que Mariamne oublie
Cet ordre d'un époux donné contre sa vie ?
Vous qu'elle craint toujours, ne la craignez-vous plu.
Ses vœux, ses sentimens, vous sont-ils inconnus ?
Qui préviendra jamais par des avis utiles
De son cœur outragé les vengeances faciles ?

Quels yeux intéressés à veiller sur vos jours
Pourront de ses complots démêler les détours?
Son courroux aura-t-il quelque frein qui l'arrête?
Et pensez-vous enfin que, lorsque votre tête
Sera par vos soins même exposée à ses coups,
L'amour qui vous séduit vous parlera pour vous?
Quoi donc! tant de mépris, cette horreur inhumaine...
HÉRODE.
Ah! laissez-moi douter un moment de sa haine!
Laissez-moi me flatter de regagner son cœur;
Ne me détrompez point, respectez mon erreur.
Je veux croire et je crois que votre haine altière
Entre la reine et moi mettait une barrière;
Que par vos cruautés son cœur s'est endurci,
Et que sans vous enfin j'eusse été moins haï.
SALOME.
Si vous pouviez savoir, si vous pouviez comprendre
A quel point...
HÉRODE.
Non, ma sœur, je ne veux rien entendre.
Mariamne à son gré peut menacer mes jours,
Ils me sont odieux; qu'elle en tranche le cours,
Je périrai du moins d'une main qui m'est chère.
SALOME.
Ah! c'est trop l'épargner, vous tromper, et me taire.
Je m'expose à me perdre et cherche à vous servir :
Et je vais vous parler, dussiez-vous m'en punir.
Époux infortuné qu'un vil amour surmonte!
Connaissez Mariamne, et voyez votre honte :
C'est peu des fiers dédains dont son cœur est armé,
C'est peu de vous haïr; un autre en est aimé.

HÉRODE.

Un autre en est aimé! Pouvez-vous bien, barbare,
Soupçonner devant moi la vertu la plus rare?
Ma sœur, c'est donc ainsi que vous m'assassinez?
Laissez-vous pour adieux ces traits empoisonnés,
Ces flambeaux de discorde, et la honte et la rage,
Qui de mon cœur jaloux sont l'horrible partage?
Mariamne... mais non je ne veux rien savoir :
Vos conseils sur mon âme ont eu trop de pouvoir.
Je vous ai long-temps crue, et les cieux m'en punissent.
Mon sort était d'aimer des cœurs qui me haïssent.
Oui, c'est moi seul ici que vous persécutez.

SALOME.

Hé bien donc! loin de vous...

HÉRODE.

Non, Madame, arrêtez.
Un autre en est aimé! montrez-moi donc, cruelle,
Le sang que doit verser ma vengeance nouvelle;
Poursuivez votre ouvrage, achevez mon malheur.

SALOME.

Puisque vous le voulez....

HÉRODE.

Frappe, voilà mon cœur.
Dis-moi qui m'a trahi; mais quoi qu'il en puisse être,
Songe que cette main t'en punira peut-être.
Oui, je te punirai de m'ôter mon erreur.
Parle à ce prix.

SALOME.

N'importe.

HÉRODE.

Eh bien!

SALOME.

C'est....

SCÈNE VI.

HÉRODE, SALOME, MAZAEL.

MAZAEL.

Ah ! Seigneur,
Venez, ne souffrez pas que le crime s'achève :
Votre épouse vous fuit, Sohême vous l'enlève.

HÉRODE.

Mariamne ! Sohême ! où suis-je ? justes cieux !

MAZAEL.

Sa mère, ses enfans, quittaient déjà ces lieux.
Sohême a préparé cette indigne retraite ;
Il a près de ces murs une escorte secrète :
Mariamne l'attend au sortir du palais ;
Et vous allez, Seigneur, la perdre pour jamais.

HÉRODE.

Ah ! le charme est rompu ; le jour enfin m'éclaire.
Venez ; à son courroux connaissez votre frère :
Surprenons l'infidèle ; et vous allez juger
S'il est encore Hérode, et s'il sait se venger

FIN DU TROISIÈME ACTE.

ACTE IV.

SCÈNE PREMIÈRE.
SALOME, MAZAEL.

MAZAEL.
Quoi ! lorsque sans retour Mariamne est perdue,
Quand la faveur d'Hérode à vos vœux est rendue,
Dans ces sombres chagrins qui peut donc vous plonger ?
Madame, en se vengeant, le roi va vous venger :
Sa fureur est au comble ; et moi-même je n'ose
Regarder sans effroi les malheurs que je cause.
Vous avez vu tantôt ce spectacle inhumain ;
Ces esclaves tremblans égorgés de sa main ;
Près de leurs corps sanglans la reine évanouie ;
Le roi, le bras levé, prêt à trancher sa vie ;
Ses fils, baignés de pleurs, embrassant ses genoux,
Et présentant leur tête au-devant de ses coups.
Que vouliez-vous de plus ? que craignez-vous encore ?

SALOME.
Je crains le roi ; je crains ces charmes qu'il adore,
Ce bras prompt à punir, prompt à se désarmer,
Cette colère enfin facile à s'enflammer,
Mais qui, toujours douteuse, et toujours aveuglée,
En ses transports soudains s'est peut-être exhalée.
Quel fruit me revient-il de ses emportemens ?
Sohême a-t-il pour moi de plus doux sentimens ?
Il me hait encor plus ; et mon malheureux frère,
Forcé de se venger d'une épouse adultère,

Semble me reprocher sa honte et son malheur.
Il voudrait pardonner ; dans le fond de son cœur
Il gémit en secret de perdre ce qu'il aime ;
Il voudrait, s'il se peut, ne punir que moi-même :
Mon funeste triomphe est encore incertain.
J'ai deux fois en un jour vu changer mon destin ;
Deux fois j'ai vu l'amour succéder à la haine ;
Et nous sommes perdus s'il voit encor la reine.

SCÈNE II.
HÉRODE, SALOMÉ, MAZAEL, GARDES.

MAZAEL.
Il vient : de quelle horreur il paraît agité

SALOME.
Seigneur, votre vengeance est-elle en sûreté ?

MAZAEL.
Me préserve le Ciel que ma voix téméraire,
D'un roi clément et sage irritant la colère,
Ose se faire entendre entre la reine et lui !
Mais, Seigneur, contre vous Sohême est son appui.
Non, ne vous vengez point, mais veillez sur vous-même ;
Redoutez ses complots et la main de Sohême.

HÉRODE.
Ah ! je ne le crains point.

MAZAEL.
Seigneur, n'en doutez pas ;
De l'adultère au meurtre il n'est souvent qu'un pas.

HÉRODE.
Que dites-vous ?

MAZAEL.
Sohême, incapable de feindre,

Fut de vos ennemis toujours le plus à craindre;
Ceux dont il s'assura le coupable secours
Ont parlé hautement d'attenter à vos jours.

HÉRODE.

Mariamne me hait, c'est là son plus grand crime.
Ma sœur, vous approuvez la fureur qui m'anime ;
Vous voyez mes chagrins, vous en avez pitié;
Mon cœur n'attend plus rien que de votre amitié.
Hélas! plein d'une erreur trop fatale et trop chère,
Je vous sacrifiais au seul soin de lui plaire :
Je vous comptais déjà parmi mes ennemis;
Je punissais sur vous sa haine et ses mépris.
Ah! j'atteste à vos yeux ma tendresse outragée
Qu'avant la fin du jour vous en serez vengée;
Je veux surtout, je veux, dans ma juste fureur,
La punir du pouvoir qu'elle avait sur mon cœur.
Hélas! jamais ce cœur ne brûla que pour elle;
J'aimai, je détestai, j'adorai l'infidèle.
Et toi, Sohême, et toi, ne crois pas m'échapper!
Avant le coup mortel dont je dois te frapper,
Va, je te punirai dans un autre toi-même :
Tu verras cet objet qui m'abhorre et qui t'aime,
Cet objet à mon cœur jadis si précieux,
Dans l'horreur des tourmens expirant à tes yeux :
Que sur toi, sous mes coups, tout son sang rejaillisse,
Tu l'aimes, il suffit, sa mort est ton supplice.

MAZAEL.

Ménagez, croyez-moi, des momens précieux;
Et, tandis que Sohême est absent de ces lieux,
Que par lui, loin des murs, sa garde est dispersée,
Saisissez, achevée une vengeance aisée.

SALOME.

Mais au peuple surtout cachez votre doûleur.
D'un spectacle funeste épargnez-vous l'horreur ;
Loin de ces tristes lieux, témoins de votre outrage ;
Fuyez de tant d'affronts la douloureuse image.

HÉRODE.

Je vois quel est son crime et quel fut son projet.
Je vois pour qui Sohême ainsi vous outrageait.

SALOME.

Laissez mes intérêts ; songez à votre offense.

HÉRODE.

Elle avait jusqu'ici vécu dans l'innocence ;
Je ne lui reprochais que ses emportemens,
Cette audace opposée à tous mes sentimens,
Ses mépris pour ma race, et ses altiers murmures.
Du sang asmonéen j'essuyai trop d'injures.
Mais a-t-elle en effet voulu mon déshonneur !

SALOME.

Écartez cette idée : oubliez-la, seigneur ;
Calmez-vous.

HÉRODE.

Non ; je veux la voir et la confondre :
Je veux l'entendre ici, la forcer à répondre :
Qu'elle tremble en voyant l'appareil du trépas ;
Qu'elle demande grâce, et ne l'obtienne pas.

SALOME.

Quoi ! Seigneur, vous voulez vous montrer à sa vue ?

HÉRODE.

Ah ! ne redoutez rien, sa perte est résolue,
Vainement l'infidèle espère en mon amour,
Mon cœur à la clémence est fermé sans retour ;

Loin de craindre ces yeux qui m'avaient trop su plaire,
Je sens que sa présence aigrira ma colère.
Gardes, que dans ces lieux on la fasse venir,
Je ne veux que la voir, l'entendre et la punir.
Ma sœur, pour un moment souffrez que je respire.
Qu'on appelle la reine : et vous, qu'on se retire.

SCÈNE III.

HÉRODE.

Tu veux la voir, Hérode ; à quoi te résous-tu ?
Conçois-tu les desseins de ton cœur éperdu ?
Quoi ! son crime à tes yeux n'est-il pas manifeste ?
N'es-tu pas outragé ? que t'importe le reste ?
Quel fruit espères-tu de ce triste entretien ?
Ton cœur peut-il douter des sentimens du sien ?
Hélas ! tu sais assez combien elle t'abhorre.
Tu prétends te venger ! pourquoi vit-elle encore ?
Tu veux la voir ! ah ! lâche, indigne de régner,
Va soupirer près d'elle, et cours lui pardonner.
Va voir cette beauté si long-temps adorée.
Non, elle périra ; non, sa mort est jurée.
Vous serez répandu, sang de mes ennemis,
Sang des Asmonéens dans ses veines transmis,
Sang qui me haïssez, et que mon cœur déteste.
Mais la voici ; grand Dieu ! quel spectacle funeste !

SCÈNE IV.

MARIAMNE, HÉRODE, ÉLISE, GARDES.

ÉLISE.

Reprenez vos esprits, Madame, c'est le roi.

MARIAMNE.

Où suis-je ? où vais-je ? ô Dieu ! je me meurs ! je le voi.

HÉRODE.

D'où vient qu'à son aspect mes entrailles frémissent ?

MARIAMNE.

Élise, soutiens-moi, mes forces s'affaiblissent.

ÉLISE.

Avançons.

MARIAMNE.

Quel tourment !

HÉRODE.

Que lui dirai-je ? ô cieux !

MARIAMNE.

Pourquoi m'ordonnez-vous de paraître à vos yeux ?
Voulez-vous de vos mains m'ôter ce faible reste
D'une vie à tous deux également funeste ?
Vous le pouvez ; frappez ; le coup m'en sera doux,
Et c'est l'unique bien que je tiendrai de vous.

HÉRODE.

Oui, je me vengerai, vous serez satisfaite :
Mais parlez, défendez votre indigne retraite.
Pourquoi, lorsque mon cœur si long-temps offensé,
Indulgent pour vous seule, oubliait le passé,
Lorsque vous partagiez mon empire et ma gloire,
Pourquoi prépariez-vous cette fuite si noire ?
Quel dessein, quelle haine a pu vous posséder.

MARIAMNE.

Ah ! Seigneur, est-ce à vous à me le demander ?
Je ne veux point vous faire un reproche inutile ;
Mais si, loin de ces lieux, j'ai cherché quelque asile,
Si Marianne enfin, pour la première fois

Du pouvoir d'un époux méconnaissant les droits,
A voulu se soustraire à son obéissance ;
Songez à tous ces rois dont je tiens la naissance,
A mes périls présens, à mes malheurs passés,
Et condamnez ma fuite après, si vous l'osez.

HÉRODE.

Quoi ! lorsqu'avec un traître un fol amour vous lie !
Quand Sohême...

MARIAMNE.

Arrêtez ; il suffit de ma vie.
D'un si cruel affront cessez de me couvrir ;
Laissez-moi chez les morts descendre sans rougir.
N'oubliez pas du moins qu'attachés l'un à l'autre
L'hymen qui nour unit joint mon honneur au vôtre.
Voilà mon cœur, frappez ; mais en portant vos coups,
Respectez Mariamne, et même son époux.

HÉRODE.

Perfide ! il vous sied bien de prononcer encore
Ce nom qui vous condamne et qui me déshonore !
Vos coupables dédains vous accusent assez,
Et je crois tout de vous si vous me haïssez.

MARIAMNE.

Quand vous me condamnez, quand ma mort est certaine,
Que vous importe, hélas ! ma tendresse ou ma haine ?
Et quel droit désormais avez-vous sur mon cœur,
Vous qui l'avez rempli d'amertume et d'horreur ;
Vous qui depuis cinq ans insultez à mes larmes,
Qui marquez sans pitié mes jours par mes alarmes ;
Vous de tous mes parens destructeur odieux ;
Vous, teint du sang d'un père expirant à mes yeux ?
Cruel ! ah ! si du moins votre fureur jalouse

N'eût jamais attenté qu'aux jours de votre épouse,
Les cieux me sont témoins que mon cœur tout à vous,
Vous chérirait encore en mourant par vos coups.
Mais qu'au moins mon trépas calme votre furie ;
N'étendez point mes maux au delà de ma vie :
Prenez soin de mes fils, respectez votre sang ;
Ne les punissez pas d'être nés dans mon flanc ;
Hérode, ayez pour eux des entrailles de père :
Peut-être un jour, hélas! vous connaîtrez leur mère
Vous plaindrez, mais trop tard, ce cœur infortuné
Que seul dans l'univers vous avez soupçonné ;
Ce cœur qui n'a point su, trop superbe peut-être,
Déguiser ses douleurs et ménager un maître ;
Mais qui jusqu'au tombeau conserva sa vertu,
Et qui vous eût aimé si vous l'aviez voulu.

HÉRODE.

Qu'ai-je entendu ? quel charme et quel pouvoir suprême
Commande à ma colère et m'arrache à moi-même ?
Mariamne...

MARIAMNE.

Cruel !

HÉRODE.

.... O faiblesse ! ô fureur !

MARIAMNE.

De l'état où je suis voyez du moins l'horreur.
Otez-moi par pitié cette odieuse vie.

HÉRODE.

Ah! la mienne à la vôtre est pour jamais unie.
C'en est fait, je me rends : bannissez votre effroi ;
Puisque vous m'avez vu, vous triomphez de moi.
Vous n'avez plus besoin d'excuse et de défense ;

Ma tendresse pour vous vous tient lieu d'innocence.
En est-ce assez, ô Ciel ? en est-ce assez, amour ?
C'est moi qui vous implore et qui tremble à mon tour.
Serez-vous aujourd'hui la seule inexorable ?
Quand j'ai tout pardonné, serai-je encor coupable ?
Mariamne, cessons de nous persécuter :
Nos cœurs ne sont-ils faits que pour se détester ?
Nous faudra-t-il toujours redouter l'un et l'autre ?
Finissons à la fois ma douleur et la vôtre.
Commençons sur nous-même à régner en ce jour ;
Rendez-moi votre main, rendez-moi votre amour.

MARIAMNE.

Vous demandez ma main ! Juste Ciel que j'implore,
Vous savez de quel sang la sienne fume encore !

HÉRODE.

Eh bien ! j'ai fait périr et ton père et mon roi ;
J'ai répandu son sang pour régner avec toi ;
Ta haine en est le prix, ta haine est légitime :
Je n'en murmure point, je connais tout mon crime.
Que dis-je ? son trépas, l'affront fait à tes fils,
Sont les moindres forfaits que mon cœur ait commis.
Hérode a jusqu'à toi porté sa barbarie ;
Durant quelques momens je t'ai même haïe :
J'ai fait plus, ma fureur a pu te soupçonner ;
Et l'effort des vertus est de me pardonner.
D'un trait si généreux ton cœur seul est capable ;
Plus Hérode à tes yeux doit paraître coupable,
Plus ta grandeur éclate à respecter en moi
Ces nœuds infortunés qui m'unissent à toi.
Tu vois où je m'emporte, et quelle est ma faiblesse ;
Garde-toi d'abuser du trouble qui me presse.

Cher et cruel objet d'amour et de fureur,
Si du moins la pitié peut entrer dans ton cœur,
Calme l'affreux désordre où mon âme s'égare.
Tu détournes les yeux... Mariamne...

MARIAMNE.

Ah, barbare !
Un juste repentir produit-il vos transports,
Et pourrai-je en effet compter sur vos remords ?

HÉRODE.

Oui, tu peux tout sur moi si j'amollis ta haine.
Hélas ! ma cruauté, ma fureur inhumaine,
C'est toi qui dans mon cœur as su la rallumer ;
Tu m'as rendu barbare en cessant de m'aimer ;
Que ton crime et le mien soient noyés dans mes larmes.
Je te jure...

SCÈNE V.

HÉRODE, MARIAMNE ÉLISE, UN GARDE.

LE GARDE.

Seigneur, tout le peuple est en armes ;
Dans le sang des bourreaux il vient de renverser
L'échafaud que Salome a déjà fait dresser.
Au peuple, à vos soldats, Sohême parle en maître :
Il marche vers ces lieux, il vient, il va paraître.

HÉRODE.

Quoi ! dans le moment même où je suis à vos pieds,
Vous auriez pu, perfide !...

MARIAMNE.

Ah ! Seigneur, vous croiriez...

HÉRODE.

Tu veux ma mort ! eh bien ! je vais remplir ta haine :

Mais au moins dans ma tombe il faut que je t'entraîne,
Et qu'unis malgré toi... Qu'on la garde, soldats.

SCÈNE VI.

HÉRODE, MARIAMNE, SALOME, MAZAEL, ÉLISE, GARDES.

SALOME.

Ah! mon frère, aux Hébreux ne vous présentez pas.
Le peuple soulevé demande votre vie;
Le nom de Mariamne excite leur furie;
De vos mains, de ces lieux, ils viennent l'arracher.

HÉRODE.

Allons; ils me verront, et je cours les chercher.
De l'horreur où je suis tu répondras, cruelle!
Ne l'abandonnez pas, ma sœur; veillez sur elle.

MARIAMNE.

Je ne crains point la mort; mais j'atteste les cieux...

MAZAEL.

Seigneur, vos ennemis sont déjà sous vos yeux.

HÉRODE.

Courons... Mais quoi! laisser la coupable impunie;
Ah! je veux dans son sang laver sa perfidie;
Je veux, j'ordonne... Hélas! dans mon funeste sort,
Je ne puis rien résoudre, et vais chercher la mort.

FIN DU QUATRIÈME ACTE.

ACTE V.

SCÈNE PREMIÈRE.

MARIAMNE, ÉLISE, GARDES.

MARIAMNE.

Éloignez-vous, soldats ; daignez laisser du moins
Votre reine un moment respirer sans témoins.
 (Les gardes se retirent au coin du théâtre.)
 Voilà donc, juste Dieu, quelle est ma destinée !
La splendeur de mon sang, la pourpre où je suis née,
Enfin ce qui semblait promettre à mes beaux jours
D'un bonheur assuré l'inaltérable cours ;
Tout cela n'a donc fait que verser sur ma vie
Le funeste poison dont elle fut remplie.
O naissance, ô jeunesse, et toi, triste beauté,
Dont l'éclat dangereux enfla ma vanité,
Flatteuse illusion dont je fus occupée,
Vaine ombre de bonheur, que vous m'avez trompée !
Sur ce trône coupable un éternel ennui
M'a creusé le tombeau que l'on m'ouvre aujourd'hui.
Dans les eaux du Jourdain j'ai vu périr mon frère ;
Mon époux à mes yeux a massacré mon père ;
Par ce cruel époux condamnée à périr,
Ma vertu me restait, on ose la flétrir.
Grand Dieu, dont les rigueurs éprouvent l'innocence,
Je ne demande point ton aide ou ta vengeance ;
J'appris de mes aïeux, que je sais imiter,

A voir la mort sans crainte et sans la mériter;
Je t'offre tout mon sang : défends au moins ma gloire;
Commande à mes tyrans d'épargner ma mémoire;
Que le mensonge impur n'ose plus m'outrager.
Honorer la vertu, c'est assez la venger.
Mais quel tumulte affreux! quels cris! quelles alarmes!
Ce palais retentit du bruit confus des armes.
Hélas! j'en suis la cause, et l'on périt pour moi.
On enfonce la porte. Ah! qu'est-ce que je vois?

SCÈNE II.

MARIAMNE, SOHÊME, ÉLISE, AMMON,
soldats d'Hérode, soldats de Sohême.

SOHÊME.

Fuyez, vils ennemis qui gardez votre reine!
Lâches, disparaissez! Soldats! qu'on les enchaîne.
  (*Les gardes et les soldats d'Hérode s'en vont.*)
Venez, reine, venez, secondez nos efforts;
Suivez mes pas, marchons dans la foule des morts.
A vos persécuteurs vous n'êtes plus livrée :
Ils n'ont pu de ces lieux me défendre l'entrée.
Dans son perfide sang Mazaël est plongé,
Et du moins à demi mon bras vous a vengé.
D'un instant précieux saisissez l'avantage;
Mettez ce front auguste à l'abri de l'orage :
Avançons.

MARIAMNE.

Non, Sohême, il ne m'est plus permis
D'accepter vos bontés contre mes ennemis,
Après l'affront cruel et la tache trop noire

Dont les soupçons d'Hérode ont offensé ma gloire :
Je les mériterais, si je pouvais souffrir
Cet appui dangereux que vous venez m'offrir.
Je crains votre secours et non sa barbarie.
Il est honteux pour moi de vous devoir la vie :
L'honneur m'en fait un crime : il le faut expier ;
Et j'attends le trépas pour me justifier.

SOHÊME.

Que faites-vous, hélas ! malheureuse princesse ?
Un moment peut vous perdre. On combat ; le temps presse :
Craignez encore Hérode armé du désespoir.

MARIAMNE.

Je ne crains que la honte, et je sais mon devoir.

SOHÊME.

Faut-il qu'en vous servant toujours je vous offense ?
Je vais donc, malgré vous, servir votre vengeance :
Je cours à ce tyran qu'en vain vous respectez ;
Je revole au combat ; et mon bras....

MARIAMNE.

Arrêtez :
Je déteste un triomphe à mes yeux si coupable :
Seigneur, le sang d'Hérode est pour moi respectable ;
C'est lui de qui les droits...

SOHÊME.

L'ingrat les a perdus.

MARIAMNE.

Par les nœuds les plus saints...

SOHÊME.

Tous vos nœuds sont rompus.

MARIAMNE.

Le devoir nous unit.

SOHÊME.
Le crime vous sépare.
N'arrêtez plus mes pas ; vengez-vous d'un barbare :
Sauvez tant de vertus...

MARIAMNE.
Vous les déshonorez.

SOHÊME.
Il va trancher vos jours.

MARIAMNE.
Les siens me sont sacrés.

SOHÊME.
Il a souillé sa main du sang de votre père.

MARIAMNE.
Je sais ce qu'il a fait, et ce que je dois faire ;
De sa fureur ici j'attends les derniers traits,
Et ne prends point de lui l'exemple des forfaits.

SOHÊME.
O courage ! ô constance ! ô cœur inébranlable,
Dieux ! que tant de vertu rend Hérode coupable !
Plus vous me commandez de ne point vous servir,
Et plus je vous promets de vous désobéir.
Votre honneur s'en offense, et le mien me l'ordonne ;
Il n'est rien qui m'arrête, il n'est rien qui m'étonne ;
Et je cours réparer, en cherchant votre époux,
Le temps que j'ai perdu sans combattre pour vous.

MARIAMNE.
Seigneur...

SCÈNE III.

MARIAMNE, ÉLISE, GARDES.

MARIAMNE.

Mais il m'échappe, il ne veut point m'entendre.
Ciel! ô Ciel! épargnez le sang qu'on va répandre!
Épargnez mes sujets; épuisez tout sur moi!
Sauvez le roi lui-même!

SCÈNE IV.

MARIAMNE, ÉLISE, NARBAS, GARDES.

MARIAMNE.

Ah! Narbas, est-ce toi?
Qu'as-tu fait de mes fils, et que devient ma mère?

NARBAS.

Le roi n'a point sur eux étendu sa colère;
Unique et triste objet de ses transports jaloux,
Dans ces extrémités ne craignez que pour vous.
Le seul nom de Sohême augmente sa furie;
Si Sohême est vaincu, c'est fait de votre vie:
Déjà même, déjà le barbare Zarès
A marché vers ces lieux, chargé d'ordres secrets.
Osez paraître, osez vous secourir vous-même;
Jetez-vous dans les bras d'un peuple qui vous aime.
Faites-voir Mariamne à ce peuple abattu;
Vos regards lui rendront son antique vertu.
Appelons à grands cris nos Hébreux et nos prêtres,
Tout Juda défendra le pur sang de ses maîtres;
Madame, avec courage il faut vaincre ou périr:
Daignez...

MARIAMNE.
Le vrai courage est de savoir souffrir,
Non d'aller exciter une foule rebelle
A lever sur son prince une main criminelle.
Je rougirais de moi, si, craignant mon malheur,
Quelques vœux pour sa mort avaient surpris mon cœur,
Si j'avais un moment souhaité ma vengeance,
Et fondé sur sa perte un reste d'espérance.
Narbas, en ce moment le ciel met dans mon sein
Un désespoir plus noble, un plus digne dessein.
Le roi, qui me soupçonne, enfin va me connaître.
Au milieu du combat on me verra paraître :
De Sohême et du roi j'arrêterai les coups;
Je remettrai ma tête aux mains de mon époux.
Je fuyais ce matin sa vengeance cruelle;
Ses crimes m'exilaient, son danger me rappelle.
Ma gloire me l'ordonne, et, prompte à l'écouter,
Je vais sauver au roi le jour qu'il veut m'ôter.

NARBAS.
Hélas! où courez-vous? dans quel désordre extrême?

MARIAMNE.
Je suis perdue, hélas! c'est Hérode lui-même.

SCÈNE V.

HÉRODE, MARIAMNE, ÉLISE, NARBAS,
IDAMAS, GARDES.

HÉRODE.
Ils se sont vus! ah Dieu!... Perfide, tu mourras.

MARIAMNE.
Pour la dernière fois, Seigneur, ne souffrez pas...

HÉRODE.

Sortez..... Vous, qu'on la suive.

NARBAS.

O justice éternelle !

SCÈNE VI.

HÉRODE, IDAMAS, GARDES.

HÉRODE.

Que je n'entende plus le nom de l'infidèle.
Hé bien, braves soldats, n'ai-je plus d'ennemis?

IDAMAS.

Seigneur, ils sont défaits; les Hébreux sont soumis;
Sohême tout sanglant vous laisse la victoire :
Ce jour vous a comblé d'une nouvelle gloire.

HÉRODE.

Quelle gloire !

IDAMAS.

Elle est triste ; et tant de sang versé,
Seigneur, doit satisfaire à votre honneur blessé.
Sohême a de la reine attesté l'innocence.

HÉRODE.

De la coupable enfin je vais prendre vengeance.
Je perds l'indigne objet que je n'ai pu gagner,
Et de ce seul moment je commence à régner.
J'étais trop aveuglé ; ma fatale tendresse
Était ma seule tache et ma seule faiblesse.
Laissons mourir l'ingrate ; oublions ses atttaits ;
Que son nom dans ces lieux s'efface pour jamais :
Que dans mon cœur surtout sa mémoire périsse.
Enfin tout est-il prêt pour ce juste supplice?

IDAMAS.

Oui, seigneur.

HÉRODE.

Quoi! sitôt on a pu m'obéir?
Infortuné monarque! elle va donc périr?
Tout est prêt, Idamas?

IDAMAS.

Vos gardes l'ont saisie;
Votre vengeance, hélas! sera trop bien servie.

HÉRODE.

Elle a voulu sa perte; elle a su m'y forcer.
Que l'on me venge. Allons, il n'y faut plus penser.
Hélas! j'aurais voulu vivre et mourir pour elle.
A quoi m'as-tu réduit, épouse criminelle?

SCÈNE VII.

HÉRODE, IDAMAS, NARBAS.

HÉRODE.

Narbas, où courez-vous? juste Ciel! vous pleurez!
De crainte, en le voyant, mes sens sont pénétrés.

NARBAS.

Seigneur.

HÉRODE.

Ah, malheureux! que venez-vous me dire?

NARBAS.

Ma voix, en vous parlant, sur mes lèvres expire.

HÉRODE.

Mariamne....

NARBAS.

O douleur! ô regrets superflus!

HÉRODE.

Quoi! c'en est fait?

NARBAS.

Seigneur, Mariamne n'est plus.

HÉRODE.

Elle n'est plus? grand Dieu!

NARBAS.

Je dois à sa mémoire,
A sa vertu trahie, à vous, à votre gloire,
De vous montrer le bien que vous avez perdu,
Et le prix de ce sang par vos mains répandu.
Non, seigneur, non, son cœur n'était point infidèle.
Hélas! lorsque Sohême a combattu pour elle,
Votre épouse, à mes yeux détestant son secours,
Volait pour vous défendre au péril de ses jours.

HÉRODE.

Qu'entends-je? ah, malheureux! ah, désespoir extrême!
Narbas, que m'as-tu dit?

NARBAS.

C'est dans ce moment même
Où son cœur se faisait ce généreux effort
Que vos ordres cruels l'ont conduite à la mort.
Salome avait pressé l'instant de son supplice.

HÉRODE.

O monstre, qu'à regret épargna ma justice!
Monstre, quels châtimens sont pour toi réservés!
Que ton sang, que le mien.... Ah! Narbas, achevez,
Achevez mon trépas par ce récit funeste.

NARBAS.

Comment pourrai-je, hélas! vous apprendre le reste?
Vos gardes de ces lieux ont osé l'arracher.

Elle a suivi leurs pas sans vous rien reprocher,
Sans affecter d'orgueil, et sans montrer de crainte;
La douce majesté sur son front était peinte;
La modeste innocence et l'aimable pudeur
Régnaient dans ses beaux yeux ainsi que dans son cœur;
Son malheur ajoutait à l'éclat de ses charmes.
Nos prêtres, nos Hébreux, dans les cris, dans les larmes,
Conjuraient vos soldats, levaient les mains vers eux,
Et demandaient la mort avec des cris affreux.
Hélas! de tous côtés, dans ce désordre extrême,
En pleurant Mariamne, on vous plaignait vous-même:
On disait hautement qu'un arrêt si cruel
Accablerait vos jours d'un remords éternel.

HÉRODE.

Grand Dieu! que chaque mot me porte un coup terrible!

NARBAS.

Aux larmes des Hébreux Mariamne sensible
Consolait tout ce peuple en marchant au trépas:
Enfin vers l'échafaud on a conduit ses pas;
C'est là qu'en soulevant ses mains appesanties,
Du poids affreux des fers indignement flétries,
« Cruel, a-t-elle dit, et malheureux époux!
« Mariamne, en mourant, ne pleure que sur vous;
« Puissiez-vous par ma mort finir vos injustices!
« Vivez, régnez heureux sous de meilleurs auspices;
« Voyez d'un œil plus doux mes peuples et mes fils;
« Aimez-les: je mourrai trop contente à ce prix. »
En achevant ces mots votre épouse innocente
Tend au fer des bourreaux cette tête charmante
Dont la terre admirait les modestes appas.
Seigneur, j'ai vu lever le parricide bras;
J'ai vu tomber....

HÉRODE.

Tu meurs, et je respire encore !
Mânes sacrés, chère ombre, épouse que j'adore,
Reste pâle et sanglant de l'objet le plus beau,
Je te suivrai du moins dans la nuit du tombeau.
Quoi ! vous me retenez? quoi ! citoyens perfides,
Vous arrachez ce fer à mes mains parricides?
Ma chère Mariamne, arme-toi, punis-moi ;
Viens déchirer ce cœur qui brûle encor pour toi.
Je me meurs....

(*Il tombe dans un fauteuil.*)

NARBAS.

De ses sens il a perdu l'usage ;
Il succombe à ses maux.

HÉRODE.

Quel funeste nuage
S'est répandu soudain sur mes esprits troublés !
D'un sombre et noir chagrin mes sens sont accablés.
D'où vient qu'on m'abandonne au trouble qui me gêne ?
Je ne vois point ma sœur, je ne vois point la reine :
Vous pleurez ! vous n'osez vous approcher de moi !
Triste Jérusalem, tu fuis devant ton roi !
Qu'ai-je donc fait? pourquoi suis-je en horreur au monde?
Qui me délivrera de ma douleur profonde ?
Par qui ce long tourment sera-t-il adouci ?
Qu'on cherche Mariamne, et qu'on l'amène ici.

NARBAS.

Mariamne, Seigneur ?

HÉRODE.

Oui, je sens que sa vue
Va rendre un calme heureux à mon âme éperdue ;

Toujous devant ses yeux, que j'aime et que je crains,
Mon cœur est moins troublé, mes jours sont plus sereins :
Déjà même à son nom mes douleurs s'affaiblissent;
Déjà de mon chagrin les ombres s'éclaircissent;
Qu'elle vienne.

NARBAS.

Seigneur....

HÉRODE.

Je veux la voir.

NARBAS.

Hélas!
Avez-vous pu, Seigneur, oublier son trépas?

HÉRODE.

Cruel! que dites-vous?

NARBAS.

La douleur le transporte;
Il ne se connaît plus.

HÉRODE.

Quoi! Mariamne est morte?
Ah! funeste raison, pourquoi m'éclaires-tu?
Jour triste, jour affreux, pourquoi m'es-tu rendu?
Lieux teints de ce beau sang que l'on vient de répandre,
Murs que j'ai relevés, palais, tombez en cendre;
Cachez sous les débris de vos superbes tours
La place où Mariamne a vu trancher ses jours.
Quoi! Mariamne est morte, et j'en suis l'homicide!
Punissez, déchirez un monstre parricide,
Armez-vous contre moi, sujets qui la perdez;
Tonnez, écrasez-moi, cieux qui la possédez!

FIN.

PIÈCES
CONTENUES DANS CE VOLUME.

NANINE, page 1
L'ENFANT PRODIGUE, 75
MARIAMNE, 169

www.ingramcontent.com/pod-product-compliance
Lightning Source LLC
Chambersburg PA
CBHW071944160426
43198CB00011B/1538